职业教育财经类“十二五”规划教材

Cost Accounting

成本会计技能实训

陈琛凝　廖淑霞　主编
丛培华　潘杨福　副主编
顾全根　主审

人民邮电出版社
北京

图书在版编目（CIP）数据

成本会计技能实训 / 陈琛凝，廖淑霞主编. -- 北京 : 人民邮电出版社，2013.9（2019.6重印）
职业教育财经类“十二五”规划教材
ISBN 978-7-115-31943-2

Ⅰ. ①成… Ⅱ. ①陈… ②廖… Ⅲ. ①成本会计－高等职业教育－教材 Ⅳ. ①F234.2

中国版本图书馆CIP数据核字(2013)第166677号

内 容 提 要

本书以财政部颁布实施的最新企业会计准则和《企业会计制度》为依据，主要针对成本会计的基本原理和基本操作技术进行实训。本书中实训项目安排循序渐进，深浅适中，以工业企业的经济活动为实例，力求做到实训资料准确、规范，实训设计科学完善，实训内容具有一定的实践性、启发性、应用性、综合性，并将实际业务操作训练与职业判断能力培养相结合，体现教、学、做一体化理念，且注重学生实用能力培养，以提高会计实训教学的质量，促进新型财会人才的培养。

本书是《成本会计实务》（书号：978-7-115-32052-0）的配套实训教材，可以作为高职高专财会专业的教材，及成人高校、本科院校的独立学院和民办高校会计类专业的辅助配套用书，也适合作为在职人员培训及经济管理领域工作人员的参考用书。

◆ 主　　编　陈琛凝　廖淑霞
副 主 编　从培华　潘杨福
主　　审　顾全根
责任编辑　刘　琦
责任印制　沈　蓉　杨林杰

◆ 人民邮电出版社出版发行　　北京市丰台区成寿寺路11号
邮编　100164　　电子邮件　315@ptpress.com.cn
网址　http://www.ptpress.com.cn
北京捷迅佳彩印刷有限公司印刷

◆ 开本：787×1092　1/16
印张：10.5　　2013年9月第1版
字数：265千字　　2019年6月北京第7次印刷

定价：24.00元

读者服务热线：(010)81055256　印装质量热线：(010)81055316
反盗版热线：(010)81055315
广告经营许可证：京东工商广登字20170147号

前言
Preface

培养高素质的技能型应用人才是高等职业教育的人才培养目标，这个目标要求学生不仅要具备专业理论知识，更要有一定的专业实践能力。这本《成本会计技能实训》就是为了配合“成本会计”课程的课堂教学而编写的，目的在于加强学生技能实训，使其能更好地理解和掌握成本会计的基本理论和基本方法，从而提高学生的实践应用能力。

本书遵循新的《企业会计准则》精神，结合企业实际的会计核算特点，将全书分为十个项目，前五个项目是对成本会计核算的基本理论知识的理解应用，后五个项目是具体核算方法的运用。全书以实践技能培养为目标，利用成本核算程序图为引导，结合任务驱动法，依据成本核算具体岗位，将每一个项目分解成相对独立的各项任务。学生通过模拟实训完成核算任务，将理论应用于实际，既巩固了已学的成本会计专业知识，又掌握了企业成本核算的基本流程，提高了学生分析问题和解决问题的能力。

与其他教材相比，本教材的特点如下。

1. 体例编排上根据先复习再巩固的方式进行训练。每项任务中都有知识点回顾、流程图等环节，让学生通过学中做、做中学，学会成本的核算方法，并懂得相关成本的计算与核算。

2. 根据岗位目标来确定实训任务，各个项目既独立又相互联系，体现了连贯性。

3. 内容编排全面、实际操作性强。本书每一章所涉及的成本、费用的核算都介绍了几种方法，以供学生反复演练，从而有效提高学生的业务熟练程度，增强业务能力，促进对学生实际操作能力的培养。

4. 行业通用性强。本教材以制造业为例，内容具有代表性，并且打破了行业、所有制的界限，可以广泛运用于各行业和各种企业资质组织形式。

全书由陈琛凝、廖淑霞担任主编并负责总纂定稿，顾全根担任全书主审，丛培华、潘杨福担任副主编。编写分工如下：项目 1、项目 2 由丛培华、潘杨福编写，项目 5、项目 6 和项目 9 由林玲玲编写，项目 3、项目 4、项目 7、项目 8 和项目 10 由陈琛凝、廖淑霞编写。

由于编者水平有限，书中难免会有缺点和错误，敬请读者批评指正。

编 者

2013 年 5 月

目录
Contents

●○○○○○○○○○

项目 1
要素费用分配实训 • 1

任务 1.1　材料费用分配 • 2

任务 1.2　外购动力费用的归集与分配 • 14

任务 1.3　工资费用分配 • 17

任务 1.4　其他要素费用分配 • 27

○●○○○○○○○○

项目 2
辅助生产费用归集与分配实训 • 44

任务 2.1　直接分配法 • 45

任务 2.2　交互分配法 • 46

任务 2.3　计划分配法 • 48

○○●○○○○○○○

项目 3
制造费用归集与分配实训 • 54

任务 3.1　制造费用的归集和分配 • 55

任务 3.2　年度计划分配率分配法 • 63

○○○●○○○○○○

项目 4
损失性费用归集与分配实训 • 66

任务 4.1　废品损失的归集和分配 • 67

任务 4.2　废品损失的计算 • 73

○○○○●○○○○○

项目 5
生产费用在完工产品和在产品之间分配实训 • 77

任务 5.1　在产品投料程度和完工程度的计算 • 78

任务 5.2　按约当产量法计算在产品成本 • 83

任务 5.3　完工产品与在产品成本划分的计算 • 85

任务 5.4　在产品成本按定额比例法计算 • 90

任务 5.5　在产品按定额成本计价核算 • 93

○○○○○●○○○○

项目 6
品种法成本计算实训 • 96

任务 6.1　产品成本计算的品种法 • 97

○○○○○○●○○○

项目 7
分批法成本计算实训 • 114

任务 7.1　一般分批法 • 115

任务 7.2　简化分批法 • 118

○○○○○○○●○○

项目 8
分步法成本计算实训 • 124

任务 8.1　分项逐步结转分步法 • 125

任务 8.2　综合逐步结转分步法 • 130

任务 8.3　平行结转分步法 • 139

项目 9
定额法实训 • 143

任务 9.1　定额法核算 • 144

任务 9.2　定额法计算 • 148

○○○○○○○○○●

项目 10
成本报表编制实训 • 152

任务 10.1　成本报表的编制 • 153

项目 1
要素费用分配实训

任务 1.1　材料费用分配

第一部分　知识回顾

一、材料费用的归集与分配

1．材料费用的归集

材料费用的归集就是对本期发出材料的总成本进行核算。正确计算发出材料的数量、发出材料的单位成本以及发出材料的总成本，是保证材料费用分配顺利进行的基础。在实际工作中，材料的日常核算可以采用按实际成本计价和按计划成本计价两种核算方式。在一般情况下，如果企业规模较大，材料品种、规格繁多，且收发比较频繁，材料应按计划成本计价；如果企业规模较小，材料品种、规格不多，且收发不太频繁，材料可按实际成本计价。

2．材料费用的分配

（1）对于基本生产车间领用的用于产品生产、构成产品实体（或有助于产品实体形成）的各种原材料，如果能够分清材料被哪些产品所耗用，可以直接记入"生产成本——基本生产"账户的借方及所属明细账的"直接材料"成本项目中；如果不能够分清材料被哪些产品所耗用，即材料被多种产品共同耗用时，应采用适当的分配方法进行分配。

（2）对于基本生产车间领用的为组织和管理生产所耗用（一般性消耗）的材料，辅助生产车间、企业行政管理部门以及专设销售机构领用的材料，应分别记入"制造费用"、"辅助生产成本"、"管理费用"和"销售费用"账户。

（3）对于在建工程、福利部门领用的材料，应分别记入"在建工程"和"应付职工薪酬——职工福利"账户。

（4）对于应由多个期间的产品成本、期间费用分摊的材料费用，应采用适当的摊销方法计算应由本期产品成本和费用负担的部分。常用的分配方法主要有定额耗用量比例分配法、定额费用比例分配法、重量比例分配法、实际产量分配法和标准产量分配法等几种。

二、流程图

材料费用的核算流程如图 1-1-1 所示。

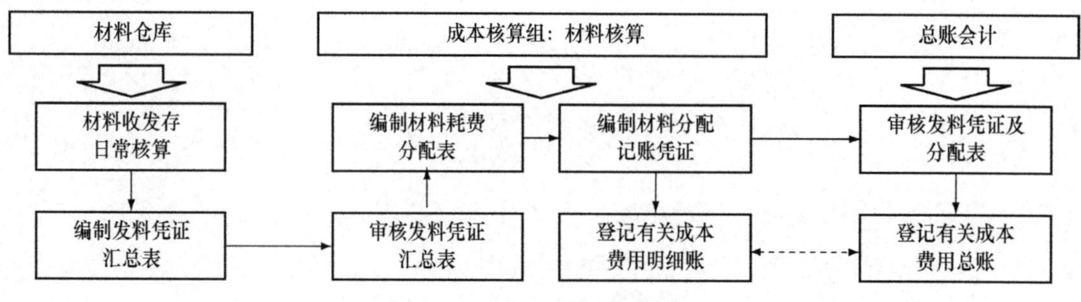

图 1-1-1　材料费用核算流程图

三、应用公式

定额耗用量比例分配法下，某种产品应分配的原材料费用计算公式为：

某种产品应分配的原材料费用=该种产品原材料定额消耗量×原材料费用分配率

其中：

某种产品原材料定额消耗量=该种产品实际产量×单位该种产品原材料消耗定额

原材料费用分配率=应分配的共耗原材料费用总额/各种产品原材料定额消耗总量

第二部分　能力训练

一、实训目的

掌握材料费用的归集与分配。

二、实训要求

根据资料一：

（1）设置基本生产成本明细账、辅助生产成本明细账、制造费用明细账，见表 1-1-4～表 1-1-6。

（2）登记原材料明细账。

（3）编制 4 月份材料费用分配汇总表，见表 1-1-1，并编制材料费用分配的记账凭证（假设该企业 A、B、C 材料采用加权平均法计价）。

根据资料二：

（1）计算本月材料成本差异率（按材料类别计算）。

（2）填制“材料费用分配汇总表”，见表 1-1-3。

（3）编制材料费用分配的记账凭证。

三、实训条件

（1）实训形式：本实训由成本核算员 1 人独立完成。

（2）实训时间：本项实训约需 2 课时。

（3）实训用纸：多栏式明细账 12 张，记账凭证 12 张（仅供参考）。

四、实训资料

（一）实训资料一

（1）某厂 200×年 3 月 31 日“原材料”账户余额为 51 800 元。

其中：A 材料 5 000 千克，单位成本 5.50 元，计 27 500 元；

B 材料 2 000 千克，单位成本 2.30 元，计 4 600 元；

C 材料 100 桶，单位成本 42.00 元，计 4 200 元；

其他材料共计 15 500 元。

（2）该企业设有甲、乙两个基本生产车间，分别生产甲、乙两种产品。生产甲产品领用材料采用限额领料单，根据 4 月份甲产品生产任务，开出 A 材料限额领料单 12 000 千克，B 材料 5 000

千克，C 材料 450 桶。4 月份材料收发业务如下。

3 日，购入 B 材料 8 000 千克，单位成本 2.40 元，共计 19 200 元。

5 日，乙产品生产领用 A 材料 2 000 千克，B 材料 4 000 千克，其他材料 1 450 元。

7 日，辅助生产车间领用 A 材料 800 千克、其他材料 3 760 元。

8 日，购买 A 材料 7 500 千克，单位成本 5.30 元，计 39 750 元。

10 日，购入其他材料 16 250 元。

11 日，甲产品领用其他材料 9 394 元，企业管理部门领用其他材料 2 470 元。

12 日，购入 A 材料 7 500 千克，单位成本 5.10 元，计 38 250 元；购入 C 材料 500 桶，每桶发票金额为 40.70 元，支付 C 材料运输费用 650 元。

15 日，辅助生产车间领用 A 材料 500 千克、B 材料 800 千克、其他材料 2 720 元。

16 日，甲车间领用其他材料 6 215 元，乙车间领用其他材料 2 170 元。

17 日，在建工程领用其他材料 417 元；销售 C 材料 50 桶，每桶售价 45 元。

18 日，甲车间一台机器进行大修理，领用 B 材料 40 千克、其他材料 1 240 元。大修理费用采用预提方式。

20 日，购入其他材料 12 550 元。

22 日，企业管理部门领用其他材料 3 040 元，甲车间领用其他材料 2 130 元。

25 日，在建工程领用其他材料 7 820 元。

30 日，甲产品限额领料单中，A 材料实领 11 200 千克，B 材料实领 5 100 千克，C 材料实领 450 桶。

30 日，甲车间退回 A 材料的边角废料 80 千克，已交废料仓库，估计价值 80 元。

30 日，乙车间进行盘点，发现尚有 A 材料 400 千克、B 材料 1 200 千克未投入生产，当日办理好假退料手续。

表 1–1–1　　材料费用分配汇总表

应借账户	基本生产成本			辅助生产成本	制造费用	管理费用	在建工程	其他业务成本	预提费用	合计
	甲产品	乙产品	小计							
原材料										
——A 材料										
——B 材料										
——C 材料										
——其他材料										
合　计										

（二）实训资料二

（1）某企业 200× 年 7 月底有关账户余额如下。

① 原材料——原料及主要材料 83 400 元，其中包括无发票到料 10 000 元。

② 原材料——燃料 12 500 元。

③ 原材料——辅助材料 8 700 元。

④ 材料成本差异286元（贷方）。

其中：材料成本差异——原料及主要材料 834元（贷方）；

材料成本差异——燃料635元（借方）；

材料成本差异——辅助材料87元（贷方）。

⑤ 在途材料24 360元（均为原料及主要材料）。

（2）8月份有关材料收发业务如下。

① 收到上月无发票到货发票一张，计9 200元，当即从银行存款户中付讫。

② 本月验收入库的外购原料及主要材料（包括上月在途材料），计划成本为136 600元，其中9 000元尚未收到发票，其余材料的实际成本（包括上月在途材料）为125 934元。从银行存款户支付材料款101 574元。

③ 本月验收入库的外购辅助材料计划成本为 12 300 元。从银行存款户支付辅助材料货款15 706元，其中2 900元为月末在途材料。

④ 本月验收入库的燃料计划成本为119 575元，实际成本为125 553.75元，燃料款从银行存款中付讫。

⑤ 8月份发出材料（计划成本）汇总如表1-1-2所示。

表1-1-2　　发出材料（计划成本）汇总表

	原料及主要材料	燃　料	辅助材料
产品生产用	137 000元	4 350元	5 300元
辅助生产车间领用	24 500元	43 600元	2 100元
基本生产车间一般领用	—	750元	1 230元
企业管理部门领用	—	430元	980元
在建工程领用	8 700元	—	2 720元

表1-1-3　　材料费用分配汇总表

应借账户 应贷账户	生产成本——基本生产成本		生产成本——辅助生产成本		制造费用		管理费用		在建工程		合　计	
	计划成本	差异	计划成本	差异	计划成本	差异	计划成本	差异	计划成本	差异	计划成本	差异
原材料——原材料及主要材料												
原材料——燃料												
原材料——辅助材料												
合计												

表 1-1-4

生产成本——基本生产成本明细账（样张）

车间：　　　　　　　　　　　　　　　　　　　　　　　　　　　　　　　　　　产品：
单位：

年		凭证字号	摘要	直接材料	直接人工	制造费用	废品损失	发生额合计		余额
月	日							借方	贷方	

表 1-1-5

辅助生产成本明细账

明细科目________　　产品名称________　　第____页

年		凭证字号	摘要																																																
月	日			十	万	千	百	十	元	角	分	十	万	千	百	十	元	角	分	十	万	千	百	十	元	角	分	十	万	千	百	十	元	角	分	十	万	千	百	十	元	角	分	十	万	千	百	十	元	角	分

表 1-1-6

制造费用明细账

第______页

明细科目______　　生产车间______　　单位：元

年		凭证字号	摘要	耗费项目								合计
月	日											

记 账 凭 证

年　　月　　日　　　　　　　　　　第　　号

摘要	总账科目	明细科目	借方金额									贷方金额								
			百	十	万	千	百	十	元	角	分	百	十	万	千	百	十	元	角	分
合计																				

附单据　　张

财务主管：　　　　记账：　　　　审核：　　　　制单：

记 账 凭 证

年　　月　　日　　　　　　　　　　第　　号

摘要	总账科目	明细科目	借方金额									贷方金额								
			百	十	万	千	百	十	元	角	分	百	十	万	千	百	十	元	角	分
合计																				

附单据　　张

财务主管：　　　　记账：　　　　审核：　　　　制单：

记 账 凭 证

年　　月　　日　　　　　　　　　　第　　号

摘要	总账科目	明细科目	借方金额									贷方金额								
			百	十	万	千	百	十	元	角	分	百	十	万	千	百	十	元	角	分
合计																				

附单据　　张

财务主管：　　　　记账：　　　　审核：　　　　制单：

记 账 凭 证

年 月 日 第 号

摘要	总账科目	明细科目	借方金额									贷方金额								
			百	十	万	千	百	十	元	角	分	百	十	万	千	百	十	元	角	分
合计																				

附单据 张

财务主管： 记账： 审核： 制单：

记 账 凭 证

年 月 日 第 号

摘要	总账科目	明细科目	借方金额									贷方金额								
			百	十	万	千	百	十	元	角	分	百	十	万	千	百	十	元	角	分
合计																				

附单据 张

财务主管： 记账： 审核： 制单：

记 账 凭 证

年 月 日 第 号

摘要	总账科目	明细科目	借方金额									贷方金额								
			百	十	万	千	百	十	元	角	分	百	十	万	千	百	十	元	角	分
合计																				

附单据 张

财务主管： 记账： 审核： 制单：

记 账 凭 证

年　月　日　　　　　　　　　　第　　号

摘要	总账科目	明细科目	借方金额									贷方金额								
			百	十	万	千	百	十	元	角	分	百	十	万	千	百	十	元	角	分
合计																				

附单据　张

财务主管：　　记账：　　审核：　　制单：

记 账 凭 证

年　月　日　　　　　　　　　　第　　号

摘要	总账科目	明细科目	借方金额									贷方金额								
			百	十	万	千	百	十	元	角	分	百	十	万	千	百	十	元	角	分
合计																				

附单据　张

财务主管：　　记账：　　审核：　　制单：

记 账 凭 证

年　月　日　　　　　　　　　　第　　号

摘要	总账科目	明细科目	借方金额									贷方金额								
			百	十	万	千	百	十	元	角	分	百	十	万	千	百	十	元	角	分
合计																				

附单据　张

财务主管：　　记账：　　审核：　　制单：

记账凭证

年　月　日　　　　　　　　第　　号

摘要	总账科目	明细科目	借方金额									贷方金额								
			百	十	万	千	百	十	元	角	分	百	十	万	千	百	十	元	角	分
合计																				

附单据　张

财务主管：　　记账：　　审核：　　制单：

记账凭证

年　月　日　　　　　　　　第　　号

摘要	总账科目	明细科目	借方金额									贷方金额								
			百	十	万	千	百	十	元	角	分	百	十	万	千	百	十	元	角	分
合计																				

附单据　张

财务主管：　　记账：　　审核：　　制单：

记账凭证

年　月　日　　　　　　　　第　　号

摘要	总账科目	明细科目	借方金额									贷方金额								
			百	十	万	千	百	十	元	角	分	百	十	万	千	百	十	元	角	分
合计																				

附单据　张

财务主管：　　记账：　　审核：　　制单：

答题纸：

任务 1.2 外购动力费用的归集与分配

第一部分 知识回顾

一、外购动力费用的归集和分配

外购动力指的是外购电力、热力等，它的作用与外购原材料一样，都是为了产品生产并形成产品的价值。但由于它没有价值实体，因而在成本会计核算方法上不同于前面的有形实物资产以专设资产账户反映，而是通过“应付账款”账户反映它的购入和分配情况。在分配时应遵守的原则是：各受益对象有仪表记录的，直接根据其记录计算列入各受益对象；没有仪表记录的，可按生产工时比例、机器功率时数比例或定额耗用量比例分配。为了加强企业能源耗费的核算和管理，对于耗费比较大的企业，在产品成本项目里专设“燃料和动力”项目反映，如此项耗费较少也可直接分配，计入制造费用。

1．外购动力费用的归集

动力费用一般是根据电表、气表等计量仪器所显示的计量数据，按一定的计价标准计算而确定的，以动力供应单位所提供的费用账单上的数额为准。

外购的动力在付款时，理论上应按动力的用途，直接借记有关的成本费用账户，贷记“银行存款”账户，但在实际工作中一般通过“应付账款”账户核算。即在付款时先作为暂付款处理，借记“应付账款”账户，贷记“银行存款”账户；月末按照外购动力的用途和数量分配费用时，再借记各成本、费用账户，贷记“应付账款”账户，冲销原来记入“应付账款”账户借方的暂付款。

如果每月支付动力费用的日期基本固定，而且每月付款日到月末的应付动力费用相差不多，也可以不通过“应付账款”账户核算，而将每月支付的动力费用作为应付动力费用，在付款时直接借记各成本、费用账户，贷记“银行存款”账户，每月分配、登记一次动力费用。

2．外购动力费用的分配

外购动力费用应按车间、部门及用途进行分配。

如果各车间、部门以及车间内各种产品都安装了计量仪器仪表，应负担的动力费用，可直接根据计量仪器仪表记录的耗用量及动力费用单价，按动力费用的用途分别进行归集和分配。在没有安装计量仪器仪表的情况下，可以采用适当的分配方法进行外购动力费用的分配。动力费用的分配方法与材料费用的分配方法基本相同，可按定额消耗量的比例、产品生产实际工时的比例、机器功率时数（机器功率 × 机器时数）的比例进行分配。

二、流程图

外购动力费用的核算流程如图 1-2-1 所示。

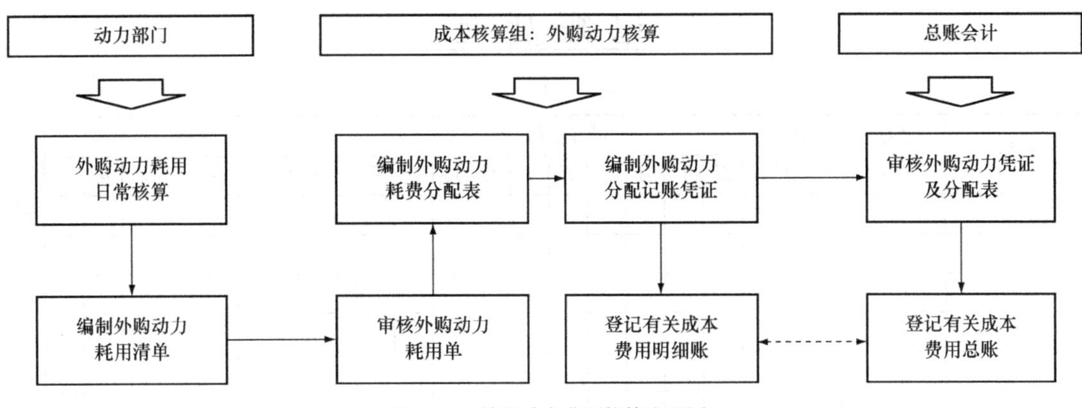

图 1-2-1　外购动力费用核算流程图

第二部分　能力训练

一、实训目的

掌握外购动力费用的归集与分配。

二、实训要求

按定额工时比例分配计算 A、B、C 三种产品应承担的外购动力耗费，并编制外购动力耗费分配表，见表 1-2-1。

表 1-2-1　　外购动力耗费分配表　　单位：元

应借科目		成本项目	定额工时	分配率	分配金额
基本生产成本	A　产品				
	B　产品				
	C　产品				
合　　计					

三、实训条件

（1）实训形式：本实训由成本核算员 1 人独立完成。
（2）实训时间：本项实训约需 0.5 课时。
（3）实训用纸：多栏式明细账 1 张，记账凭证 3 张。

四、实训资料

某企业 2011 年 3 月生产 A、B、C 三种产品，工时定额分别为 100 小时、75 小时、45 小时，产量分别为 450 件、560 件、600 件，为生产三种产品，本月基本生产车间共发生生产用动力电费用 51 300 元。

记 账 凭 证

年 月 日 第 号

摘要	总账科目	明细科目	借方金额									贷方金额								
			百	十	万	千	百	十	元	角	分	百	十	万	千	百	十	元	角	分
合计																				

附单据 张

财务主管： 记账： 审核： 制单：

记 账 凭 证

年 月 日 第 号

摘要	总账科目	明细科目	借方金额									贷方金额								
			百	十	万	千	百	十	元	角	分	百	十	万	千	百	十	元	角	分
合计																				

附单据 张

财务主管： 记账： 审核： 制单：

记 账 凭 证

年 月 日 第 号

摘要	总账科目	明细科目	借方金额									贷方金额								
			百	十	万	千	百	十	元	角	分	百	十	万	千	百	十	元	角	分
合计																				

附单据 张

财务主管： 记账： 审核： 制单：

任务 1.3 工资费用分配

第一部分 知识回顾

人工费用主要是生产工人的薪酬。生产工人的薪酬计入产品成本的方法是：直接为生产某产品而耗费的工人薪酬直接计入该产品的成本；生产几种产品共同耗费的工人薪酬可以按产品的生产工时分配，计入各产品生产成本。

一、薪酬费用的归集和分配

应付工资总额包括计时工资、计件工资、奖金、加班加点工资、工资性津贴和补贴、特殊情况下支付的工资六个方面。

计时工资是根据企业的考勤记录和工资标准计算的支付给职工个人的劳动报酬。工资标准按其计算的时间不同，可分为按月计算的月薪制和按日计算的日薪制两种。

计件工资是根据企业产量记录中所反映的每一职工或班组完成的产品产量，乘以规定的计件单价计算的。

对于其他货币性薪酬费用，凡是具有明确计提标准的货币性薪酬，可以按照标准计提。没有明确计提标准的，企业可以根据历史经验数据和自身情况计算确定。薪酬费用的分配应根据审核后的“薪酬结算单”或“薪酬结算汇总表”，按其发生的地点和用途进行分配。

二、流程图

工资费用的核算流程如图 1-3-1 所示。

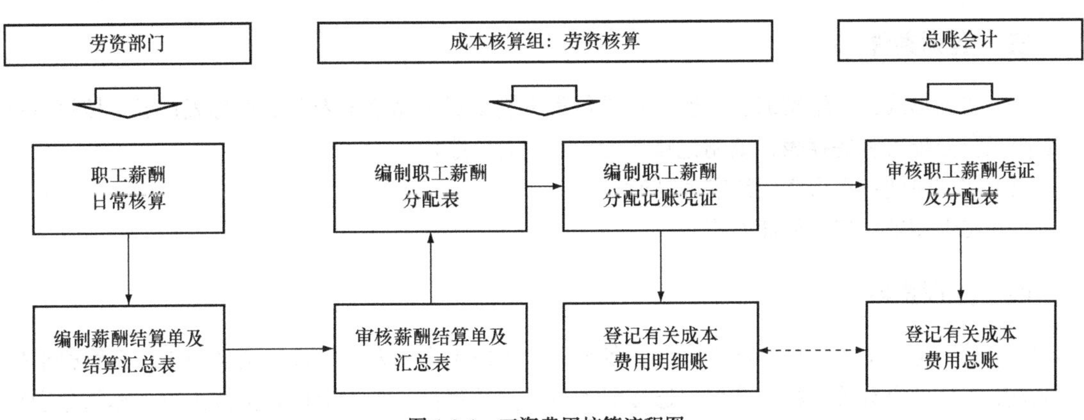

图 1-3-1 工资费用核算流程图

三、应用公式

工资费用核算中，相关计算公式如下。

日工资率=月标准工资/21.75

工资分配率=集体计件工资总额/集体实际工作小时会计（集体计时工资总额）
个人应得的计件工资=个人实际工作小时（计时工资）×工资分配率

第二部分 能力训练

一、实训目的

通过实训使学生明确工资计算的依据，掌握计时工资、计件工资的计算，熟悉工资结算单、工资结算表及汇总表的编制，熟练掌握工资费用分配表的编制方法，能够胜任工资核算岗位的会计工作。

二、实训要求

（1）根据表 1-3-1 ~ 表 1-3-3 资料，按法定工作日 21 天计算保养班工人的应付工资额；

（2）根据表 1-3-5、表 1-3-6 资料，以“实际工作小时”为分配标准，计算铸铁班工人的计件工资，填制表 1-3-10“铸铁工作班集体工资分配表”；

（3）根据表 1-3-7、表 1-3-8 资料，以“计时工资”分配标准，计算铸铝工作班工人的计件工资，填制表 1-3-11“铸铝工作班集体工资分配表”；

（4）根据计算的“保养班工人应付工资额”以及表 1-3-9 ~ 表 1-3-11 资料，填制表 1-3-12“工资结算单”，将计算结果填入表 1-3-13“工资结算汇总表”；

（5）根据表 1-3-4“生产工时统计表”和表 1-3-13“工资结算汇总表”资料，填制表 1-3-15“工资及福利费用分配表”和表 1-3-16“保险费及公积金计提表”。

（6）根据表 1-3-13、表 1-3-14、表 1-3-15、表 1-3-16 编制记账凭证，据以登记任务 1.1 中设置的各有关明细账。

三、实训条件

（1）实训形式：分组实训、工资核算员负责编制工资结算单（表）及汇总表；成本核算员负责编制工资分配表和提存表，填制记账凭证，登记有关账户。

（2）实训时间：本项实训约需 4 课时。

（3）实训用纸：记账凭证 6 张。

四、实训资料

（1）某厂生产工人实行计件工资制，各车间、工段生产工人的计件工资额由工厂企管科根据完成的生产任务等有关资料计算后，通知财务科工资核算员，由工资核算员按工段、车间分别编制“工资结算单（表）”，作为工资核算的原始依据。

（2）各生产车间生产工人的工资作为间接费用，按各产品工时比例分配，计入该产品的“基本生产明细账”的直接人工成本项目。

（3）2011 年 9 月份计算工资有关资料见表 1-3-1 ~ 表 1-3-9。

表 1–3–1 某厂有关工资结算费用标准

2011 年 9 月 金额单位：元

项目	单位	金额	项目	单位	金额
夜班津贴	1 班次	20	各种补贴	每人	50

表 1–3–2 考勤统计表

编报：铸造车间 2011 年 9 月 单位：天

姓名	出勤	加班	中班	夜班	病假	事假	备　注
于艺	19			3	2		按月基本工资的 10%扣发病假工资
陈池	18			3		3	
合计							

表 1–3–3 保养班工资、奖金通知单

铸造车间 2011 年 9 月 单位：元

姓名	基本工资	经常性奖金
于艺	1 631.25	270.00
陈池	1 740.00	210.00

表 1–3–4 生产工时统计表

2011 年 9 月 单位：小时

铸造车间		金工车间		组装车间	
铸铁	铸铝	C620	C640	C620	C640
1 514.20	753.00	3 015.00	2 797.50	2 292.50	2 818.00

表 1–3–5 铸铁工作班产量记录

铸造车间 2011 年 9 月 金额单位：元

产品名称	检验情况				合格品工资		
	交验数	合格数	工废数	料废数	计件单价	产量（吨）	合计
铸铁	70	67	3		339	67	22 713

表 1–3–6 铸铁工作班工时记录

铸造车间 2011 年 9 月 金额单位：元

姓名	张明	陈枫	李海	程亮	张胜	万宏	潘丛	章蕾	张朝	孙季	合计
工时	160.00	150.00	155.00	145.00	158.00	162.00	130.00	170.00	12.20	164.00	1514.20

表 1-3-7　　铸铁工作班产量记录

铸造车间　　2011 年 9 月　　金额单位：元

产品名称	检验情况				合格品工资		
	交验数	合格数	工废数	料废数	计件单价	产量	合计
铸铝	3	3			3 063.20	3	9 189.60

表 1-3-8　　铸铝工作班工资等级及工时记录

铸造车间　　2011 年 9 月

姓名	小时工资率	实际工作小时数
池兴	11	140
穆言	10	160
陈宏	8	158
王达	9	130
吴茵	6	135
合计		753

表 1-3-9　　该厂职工代扣款项通知单

车间或部门：铸造车间　　2011 年 9 月　　单位：元

扣款项目 姓　名	医保费	劳动保险费	公积金	合计
张明	49.00	196.00	254.00	
陈枫	46.00	184.00	230.00	
李海	47.50	190.00	237.50	
程亮	44.50	178.00	222.50	
张胜	48.40	193.60	242.00	
万宏	49.60	198.40	248.00	
潘丛	10.00	160.00	200.00	
章蕾	49.00	196.00	245.00	
张朝	40.06	160.24	200.30	
孙季	60.26	200.80	251.00	
池兴	44.12	176.48	220.60	
穆言	45.80	183.20	229.00	
陈宏	36.39	145.57	181.96	

续表

扣款项目 姓名	医保费	劳动保险费	公积金	合计
王达	33.76	135.04	168.80	
吴茵	28.72	114.88	143.60	
于艺	39.93	159.70	199.63	
陈池	36.40	145.60	182.00	
合计				

表 1-3-10　　铸铁工作班集体工资分配表

铸造车间　　2011 年 9 月　　单位：

工人姓名	实际工作小时	分配率	计件工资
张明			
陈枫			
李海			
程亮			
张胜			
万宏			
潘丛			
章蕾			
张朝			
孙季			
合计			

表 1-3-11　　铸铝工作班集体工资分配表

铸造车间　　2011 年 9 月　　单位：

工人姓名	实际工作时数	小时工资率	计时工资	分配率	计件工资
池兴					
穆言					
陈宏					
王达					
吴茵					
合计					

表 1-3-12

工资结算单

编制单位：铸造车间　　　　2011 年 9 月

姓名	基础工资	奖金	加班工资	津贴		应扣工资		应付工资	代扣款项				实发金额
				物价	中夜班	病假	事假		医保	劳动保险	公积金	小计	
张明													
陈枫													
李海													
程亮													
张胜													
万宏													
潘丛													
章蕾													
张朝													
孙季													
池兴													
穆言													
陈宏													
王达													
吴茵													
于艺													
陈池													
合计													

表 1-3-13

工资结算汇总表

编制单位：××厂　　　　2011 年 9 月　　　　金额单位：元

部门人员		职工人数	基础工资	奖金	加班工资	津贴		应扣工资		应付工资	代扣款项				实发金额
						物价	中夜班	病假	事假		医保	劳动保险	公积金	小计	
铸造车间	生产工人	17													
	管理工人	3	4 470.00	360.00	150.00	180.00					103.20	412.80	516.00		
金工车间	生产工人	32	51 900.00	1 944.00		1 809.00	3 138.00	372.00	294.00		1 162.50	4 650.00	5 812.50		
	管理工人	6	7 590.00	819.00		354.00	651.00	483.00	216.00		188.28	753.12	941.40		
组装车间	生产工人	28	48 312.00	9 060.00		1 743.00	2 910.00				1 226.52	4 906.08	6 132.60		
	管理工人	5	7 809.00	1 266.00		282.00	309.00	54.00	27.00		193.32	773.28	966.60		
供气车间		12	15 540.00	2 382.00		771.00	603.00	60.00	48.00		384.30	1 537.20	1 921.50		
机修车间		10	14 790.00	1 977.00	1260	636.00	540.00				381.90	1 527.60	1 909.50		
行政管理人员		8	9 740.00	550.00		486.00		360.00			215.52	8 623.08	1 077.60		
长病假人员		1	900.00			60.00					12.00	48.00	60.00		
工程人员		10	12 160.00	680.00		600.00					268.80	1 075.20	1 344.00		
合计															

表 1-3-14

××银行转账支票存根

支票号码 002320

科　　目＿＿＿＿＿＿

对方科目＿＿＿＿＿＿

签发日期 2011 年 9 月 12 日

收款人：
金　额：¥194 628.67 元
用　途：工资
备　注：

单位主管：　　　　会计：

复　　核：　　　　记账：周莉

表 1-3-15

工资及福利费用分配表

2011 年 9 月　　金额单位：元

<table>
<tr><th colspan="2" rowspan="3">部　门</th><th colspan="4">应付工资</th><th rowspan="3">职工福利费（14%）</th></tr>
<tr><th rowspan="2">直接计入</th><th colspan="3">分配计入</th></tr>
<tr><th>生产工时</th><th>分配率</th><th>金额</th></tr>
<tr><td rowspan="3">铸造车间</td><td>铸铁</td><td></td><td></td><td></td><td></td><td></td></tr>
<tr><td>铸铝</td><td></td><td></td><td></td><td></td><td></td></tr>
<tr><td>小　计</td><td></td><td></td><td></td><td></td><td></td></tr>
<tr><td rowspan="3">金工车间</td><td>C620</td><td></td><td></td><td></td><td></td><td></td></tr>
<tr><td>C640</td><td></td><td></td><td></td><td></td><td></td></tr>
<tr><td>小　计</td><td></td><td></td><td></td><td></td><td></td></tr>
<tr><td rowspan="3">组装车间</td><td>C620</td><td></td><td></td><td></td><td></td><td></td></tr>
<tr><td>C640</td><td></td><td></td><td></td><td></td><td></td></tr>
<tr><td>小　计</td><td></td><td></td><td></td><td></td><td></td></tr>
<tr><td colspan="2">铸造车间</td><td></td><td></td><td></td><td></td><td></td></tr>
<tr><td colspan="2">金工车间</td><td></td><td></td><td></td><td></td><td></td></tr>
<tr><td colspan="2">组装车间</td><td></td><td></td><td></td><td></td><td></td></tr>
<tr><td colspan="2">供气车间</td><td></td><td></td><td></td><td></td><td></td></tr>
<tr><td colspan="2">机修车间</td><td></td><td></td><td></td><td></td><td></td></tr>
<tr><td colspan="2">管理车间</td><td></td><td></td><td></td><td></td><td></td></tr>
<tr><td colspan="2">工程车间</td><td></td><td></td><td></td><td></td><td></td></tr>
<tr><td colspan="2">长病人员</td><td></td><td></td><td></td><td></td><td></td></tr>
<tr><td colspan="2">合计</td><td></td><td></td><td></td><td></td><td></td></tr>
</table>

表 1-3-16

保险费及公积金计提表

2011 年 9 月　　金额单位：元

<table>
<tr><th colspan="2">部　门</th><th>应付工资</th><th>养老保险费
（20%）</th><th>医疗保险费
（8%）</th><th>失业保险费
（2%）</th><th>公积金
（10%）</th><th>合 计</th></tr>
<tr><td rowspan="3">铸件车间</td><td>铸铁</td><td></td><td></td><td></td><td></td><td></td><td></td></tr>
<tr><td>铸铝</td><td></td><td></td><td></td><td></td><td></td><td></td></tr>
<tr><td>小　计</td><td></td><td></td><td></td><td></td><td></td><td></td></tr>
<tr><td rowspan="3">金工车间</td><td>C620</td><td></td><td></td><td></td><td></td><td></td><td></td></tr>
<tr><td>C640</td><td></td><td></td><td></td><td></td><td></td><td></td></tr>
<tr><td>小　计</td><td></td><td></td><td></td><td></td><td></td><td></td></tr>
<tr><td rowspan="3">组装车间</td><td>C620</td><td></td><td></td><td></td><td></td><td></td><td></td></tr>
<tr><td>C640</td><td></td><td></td><td></td><td></td><td></td><td></td></tr>
<tr><td>小　计</td><td></td><td></td><td></td><td></td><td></td><td></td></tr>
</table>

续表

部　门	应付工资	养老保险费（20%）	医疗保险费（8%）	失业保险费（2%）	公积金（10%）	合 计
铸造车间						
金工车间						
组装车间						
供气车间						
机修车间						
管理车间						
工程车间						
长病人员						
合　计						

记 账 凭 证

年　月　日　　　　第　　号

摘要	总账科目	明细科目	借方金额									贷方金额								
			百	十	万	千	百	十	元	角	分	百	十	万	千	百	十	元	角	分
合计																				

附单据　　张

财务主管：　　记账：　　审核：　　制单：

记 账 凭 证

年　月　日　　　　第　　号

摘要	总账科目	明细科目	借方金额									贷方金额								
			百	十	万	千	百	十	元	角	分	百	十	万	千	百	十	元	角	分
合计																				

附单据　　张

财务主管：　　记账：　　审核：　　制单：

记账凭证

年　月　日　　　　　　　　　第　　号

摘要	总账科目	明细科目	借方金额									贷方金额								
			百	十	万	千	百	十	元	角	分	百	十	万	千	百	十	元	角	分
合计																				

附单据　　张

财务主管：　　　　记账：　　　　审核：　　　　制单：

记账凭证

年　月　日　　　　　　　　　第　　号

摘要	总账科目	明细科目	借方金额									贷方金额								
			百	十	万	千	百	十	元	角	分	百	十	万	千	百	十	元	角	分
合计																				

附单据　　张

财务主管：　　　　记账：　　　　审核：　　　　制单：

记账凭证

年　月　日　　　　　　　　　第　　号

摘要	总账科目	明细科目	借方金额									贷方金额								
			百	十	万	千	百	十	元	角	分	百	十	万	千	百	十	元	角	分
合计																				

附单据　　张

财务主管：　　　　记账：　　　　审核：　　　　制单：

记 账 凭 证

年　月　日　　　　　　　　　　第　　号

<table>
<tr><td rowspan="2">摘要</td><td rowspan="2">总账科目</td><td rowspan="2">明细科目</td><td colspan="9">借方金额</td><td colspan="9">贷方金额</td><td rowspan="8">附单据
张</td></tr>
<tr><td>百</td><td>十</td><td>万</td><td>千</td><td>百</td><td>十</td><td>元</td><td>角</td><td>分</td><td>百</td><td>十</td><td>万</td><td>千</td><td>百</td><td>十</td><td>元</td><td>角</td><td>分</td></tr>
<tr><td></td><td></td><td></td><td></td><td></td><td></td><td></td><td></td><td></td><td></td><td></td><td></td><td></td><td></td><td></td><td></td><td></td><td></td><td></td><td></td><td></td></tr>
<tr><td></td><td></td><td></td><td></td><td></td><td></td><td></td><td></td><td></td><td></td><td></td><td></td><td></td><td></td><td></td><td></td><td></td><td></td><td></td><td></td><td></td></tr>
<tr><td></td><td></td><td></td><td></td><td></td><td></td><td></td><td></td><td></td><td></td><td></td><td></td><td></td><td></td><td></td><td></td><td></td><td></td><td></td><td></td><td></td></tr>
<tr><td></td><td></td><td></td><td></td><td></td><td></td><td></td><td></td><td></td><td></td><td></td><td></td><td></td><td></td><td></td><td></td><td></td><td></td><td></td><td></td><td></td></tr>
<tr><td></td><td></td><td></td><td></td><td></td><td></td><td></td><td></td><td></td><td></td><td></td><td></td><td></td><td></td><td></td><td></td><td></td><td></td><td></td><td></td><td></td></tr>
<tr><td></td><td></td><td></td><td></td><td></td><td></td><td></td><td></td><td></td><td></td><td></td><td></td><td></td><td></td><td></td><td></td><td></td><td></td><td></td><td></td><td></td></tr>
<tr><td>合计</td><td></td><td></td><td></td><td></td><td></td><td></td><td></td><td></td><td></td><td></td><td></td><td></td><td></td><td></td><td></td><td></td><td></td><td></td><td></td><td></td><td></td></tr>
</table>

财务主管：　　　　　　　记账：　　　　　　　审核：　　　　　　　制单：

任务 1.4　其他要素费用分配

第一部分　知识回顾

一、折旧费用的归集和分配

企业基本生产车间固定资产的折旧费用，一般先按地点归集于“制造费用”总账的借方及所属明细账的“折旧费”项目中，月末再随同其他制造费用一起分配，计入产品生产成本中。辅助生产车间、企业行政管理部门、专设销售机构和用于其他经营业务的固定资产折旧费用，分别记入“辅助生产成本”、“管理费用”、“销售费用”和“其他业务成本”账户。

在实际工作中，固定资产折旧费用的分配是通过编制“折旧费用分配表”来进行的。如果企业固定资产较多且分散在不同的部门，应首先由各部门编制“固定资产折旧费用计算表”，然后再由财会部门根据“固定资产折旧费用计算表”编制“固定资产折旧费用分配表”。

二、固定资产修理费用的核算

固定资产的日常修理费用、大修理费用等支出，通常不符合固定资产的确认条件，在发生时直接计入当期损益。

三、利息费用的核算

企业发生的借款费用包括因借款而发生的利息、折价或溢价的摊销、辅助费用以及因外币借款而发生的汇兑差额等。可直接归属于符合资本化条件的资产的购建或者生产的，应当予以资本化，计入相关资产成本；不能资本化的（包括其他借款利息、溢折价的摊销、汇兑损益、辅助费用），应分别以两种情况进行处理。属于筹建期间发生的，在生产经营开始的当月一次性计入当期损益，属于在生产经营期间发生的，应全部费用化，计入当期损益。

四、税金的核算

要素费用中的税金是指应计入期间费用中的管理费用的各种税金，主要包括房产税、车船税、土地使用税和印花税等。其中，房产税、车船税、土地使用税需要预先计算应交税费，然后交纳。企业计算出当期应交税费时，借记“管理费用”账户，贷记“应交税费”账户；实际交纳时，借记“应交税费”账户，贷记“银行存款”账户。

对于印花税，由于企业采用预先购买印花税票，待发生应税行为时，将印花税票粘贴并注销的方式，因此不存在应交而未交税金的情况。所以按国家统一的企业制度规定，印花税不通过“应交税费”账户核算，而是在购买时，直接根据交纳的税款，借记“管理费用”账户，贷记“银行存款”账户。

五、其他要素费用的核算

其他要素费用是指上述各项费用支出以外的其他费用，包括差旅费、邮电费、保险费、劳动保护费、排污费、运输费、办公费、技术转让费、业务招待费等。以上这些费用一般在费用发生时，根据有关付款凭证，按照费用发生地点和用途，分别记入“制造费用”、“管理费用”、“销售费用”和“辅助生产成本”等总账的借方及所属明细账的有关费用项目中。

第二部分　能力训练

一、实训目的

使学生熟悉其他费用归集与分配的程序，掌握其他费用计入产品成本的方法。

二、实训要求

（1）根据实训资料（1）填制表1-4-1“固定资产折旧费用计算表”；

（2）根据实训资料（2）、（3）填制表1-4-9“外购电力分配表”；

（3）根据实训资料（4）填制表1-4-14“保险、报刊费用分配表”；

（4）根据实训提供的其他资料，编制记账凭证，据以登记任务1.1中设置的各有关明细账，各部门领用的周转材料实行“一次摊销”。

三、实训条件

（1）实训形式：本实训由成本核算员1人独立完成。

（2）实训时间：本项实训约需4课时。

（3）实训用纸：记账凭证18张。

四、实训资料

某厂2011年9月份发生其他费用如下。

（1）提取固定资产折旧，见表1-4-1。

表 1-4-1 固定资产折旧费用计算表

2011年9月 金额单位：元

部门	类别	月初应计折旧固定资产原值	折旧	
			折旧率	折旧额
第一车间	房屋及建筑物	235 000	3.3%	
	机械设备	560 000	0.5%	
	小计	795 000		
第二车间	房屋及建筑物	250 000	3.3%	
	机械设备	592 000	0.5%	
	小计	842 000		
供气车间	房屋及建筑物	152 100	3.3%	
	机械设备	361 700	0.5%	
	小计	513 800		
机修车间	房屋及建筑物	142 200	3.3%	
	机械设备	161 160	0.5%	
	小计	303 360		
厂部	房屋及建筑物	627 100	3.3%	
	机械设备	145 200	0.7%	
	小计	772 300		
合计		3 226 460		

会计主管： 复核： 记账： 制单：

（2）划付水费，计入供气车间。相关凭证见表1-4-2～表1-4-4。

（3）划付电费，见表1-4-5～表1-4-9。

表 1-4-2 委托银行收款结算凭证（付款通知）

付款期限 2011 年 月 日
延期期限 2011 年 月 日

第 号

劳务 5

委托日期：2011年9月12日

付款单位	全称	温海市某厂			收款单位	全称	温海市自来水公司
	账号或地址	456-230420				账号	234-042317
	开户银行	工行温海市分行	行号	21437		开户银行	工行温海市分行
委托金额	人民币大写	贰万贰仟玖佰叁拾贰元整				百十万千百十元角分	¥2293200
款项内容	水费	委托收款凭据名称			附寄单证张数		
备注		付款人注意： 1. 根据结算方式规定，上列委托收款，如在付款期限内未拒付，即视同全部同意付款，以此联代付款通知。 2. 如需提前付款或多付货款，应另写书面通知送银行办理。 3. 如系全部或部分拒付，应在付款期限内另填拒绝付款理由书送银行办理。					

单位主管： 会计： 复核： 记账： 付款单位开户银行盖章

此联是付款单位开户银行通知

表 1-4-3

××省增值税专用发票

NO.

开票日期：2011 年 9 月 12 日 海税（09）第 1 版（6）

购货单位	名称	温海市某厂	纳税人登记号	2 1 0 5 0 1 2 0 0 1 3 3 0 8 7
	地址、电话		开户银行及账号	工行温海市分行 456-230420

货物或应税劳务名称	规格型号	计量单位	数量	单价	金额 百	十	万	千	百	十	元	角	分	税率 %	税额 百	十	万	千	百	十	元	角	分
水		吨	9 800	2.00			1	9	6	0	0	0	0	17				3	3	3	2	0	0
合 计																							

价税合计	×佰×拾贰万贰仟玖佰叁拾贰元零角零分 ¥22 932.00
备 注	

销货单位	名称	温海市自来水公司	税务登记号	2 1 0 1 0 5 2 0 0 1 3 3 0 8 7
	地址、电话		开户银行及账号	工行温海市分行 234-042317

第三联 发票联

销货单位（章）： 收款人：林麦 复核： 开票人：

表 1-4-4

温海市自来水公司水费清单

NO：007062

户 名	温海市某厂		表 号：135426
地 址	曹兴路 63 号		日 期：2011 年 9 月 12 日
本月抄表数	上月抄表数	用水量（吨）	收款单位公章 2011 年 9 月 12 日
245 404	235 604	9 800	
单 价	金 额	滞纳金	
2.00	¥19 600.00		
人民币（大写）	壹万玖仟陆佰元整		

表 1-4-5

委托银行收款结算凭证（付款通知）

第　号

劳务　　　　5

委托日期：2011 年 9 月 12 日

付款单位	全　称	温海市某厂			收款单位	全　称	温海市供电局
	账号或地址	456-230420				账　号	234-04256
	开户银行	工行温海市分行	行号	21437		开户银行	工行温海市分行

委托金额	人民币大写	肆万肆仟壹佰捌拾伍元叁角	百	十	万	千	百	十	元	角	分
				¥	4	4	1	8	5	3	8

款项内容	电费	委托收款凭据名称		附寄单证张数	

备注	付款人注意： 1. 根据结算方式规定，上列委托收款，如在付款期限内未拒付，即视同全部同意付款，以此联代付款通知。 2. 如需提前付款或多付货款，应另写书面通知送银行办理。 3. 如系全部或部分拒付，应在付款期限内另填拒绝付款理由书送银行办理。

此联是付款单位开户银行通知

单位主管：　　会计：　　复核：　　记账：　　付款单位开户银行盖章

月　日

表 1-4-6

××省增值税专用发票

NO.

开票日期：2011 年 9 月 12 日　　　　海税（09）第 1 版（6）

购货单位	名称	温海市某厂	纳税人登记号	2	1	0	5	0	1	2	0	0	1	3	3	0	8	7
	地址、电话		开户银行及账号	工行温海市分行 456-230420														

货物或应税劳务名称	规格型号	计量单位	数量	单价	金额 百	十	万	千	百	十	元	角	分	税率 %	税额 百	十	万	千	百	十	元	角	分
2011 年 9 月电费							3	7	7	6	5	2	8	17				6	4	2	0	1	0
合　计																							

价税合计	×佰×拾肆万肆仟壹佰捌拾伍元叁角捌分　　¥44 185.38
备　注	

销货单位	名称	温海市供电局	税务登记号	2	1	0	1	0	5	2	0	0	1	3	3	0	8	7
	地址、电话		开户银行及账号	工行温海市分行 456-230420														

第三联　发票联

销货单位（章）：　　收款人：　　复核：　　开票人：

表 1-4-7　　劳务供应通知单

动力用电　　2011 年 9 月　　单位：

费用额	单位	金工车间		组装车间		工时合计
		C620	C640	C620	C640	
25 176.85	生产工时	3 015	2 797.50	2 292.50	2 818	10 923

表 1-4-8　　劳务供应通知单

动力用电　　2011 年 9 月　　单位：

费用额	单位	各受益对象耗用量							
		供气车间	机修车间	铸造车间	金工车间	组装车间	行政部门	在建工程	合　计
12 588.43	千瓦时	3 750	2 520	1 460	1 280	1 220	2 427	1 980	14 637

表 1-4-9　　外购电力分配表

2011 年 9 月　　金额单位：元

部门		成本或费用项目	动力费用分配			电费分配		
			生产工时	分配率	分配金额	用电度数	单价	金额
金工车间	C620	直接材料						
	C640	直接材料						
	小计							
组装车间	C620	直接材料						
	C640	直接材料						
	小计							
供气车间		直接材料						
机修车间		直接材料						
铸造车间		水电费						
金工车间		水电费						
组装车间		水电费						
小　计								
行政管理部门		水电费						
在建工程部门		水电费						
合　计								

（4）交纳财产保险费和报纸杂志费，按受益部门均摊，相关凭证见表 1-4-10 ~ 表 1-4-14。

表 1-4-10

××银行转账支票存根
支票号码 00224

科　　目____________
对方科目____________
签发日期 2011 年 9 月 13 日

收款人：保险公司
金　额：¥3 000.00 元
用　途：财产保险费
备　注：

单位主管：　　　　会计：
复　　核：　　　　记账：周莉

表 1-4-11

××银行转账支票存根
支票号码 00225

科　　目____________
对方科目____________
签发日期 2011 年 9 月 13 日

收款人：市邮电局
金　额：¥840.00 元
用　途：报纸杂志费
备　注：

单位主管：　　　　会计：
复　　核：　　　　记账：周莉

表 1-4-12　　中国人民保险公司收据　　NO.072101

2011 年 9 月 13 日

兹收到：温海市某厂	
金额：人民币叁仟元整	¥3 000.00
系：财产保险金	（保单号见附表）
收款单位盖章	收款人

表 1-4-13　　温海市邮电局　　NO.603218

2011 年 9 月 13 日

兹收到：温海市某厂	
金额：人民币捌佰肆拾元整	¥840.00
系：报纸杂志费	（明细见附表）
收款单位盖章	收款人

表 1–4–14 保险、报刊费用分配表

2011 年 9 月 单位：元

项目 / 部门	财产保险费	报纸杂志费	合 计
铸造车间			
金工车间			
组装车间			
供气车间			
机修车间			
管理部门			
合 计			

（5）开出支票一张，偿还上月劳保用品商店耐热手套款，见表 1-4-15。

表 1–4–15

××银行转账支票存根

支票号码 00228

科　　目________

对方科目________

签发日期 2011 年 9 月 13 日

收款人：劳保用品商店
金　额：¥500.00 元
用　途：耐热手套款
备　注：

单位主管：　　　会计：

复　　核：　　　记账：周莉

（6）缴纳职工养老保险金、失业保险金、医疗保险金、公积金，见表 1-4-16～表 1-4-20。

表 1–4–16 中国人民保险公司收据 NO. 9640

2011 年 9 月 25 日

缴费单位	温海市某厂	
收费项目	摘　要	金　额
职工医疗保险金	汇总代缴	24 328.59
人民币（大写）：贰万肆仟叁佰贰拾捌元伍角玖分		

收费单位：（盖章）　　　收款人：

表 1-4-17

××银行转账支票存根
支票号码 0237

科　　目____________
对方科目____________
签发日期 2011 年 9 月 25 日

收款人：保险公司
金　额：¥24 328.59 元
用　途：医保
备　注：

单位主管：　　　　会计：
复　　核：　　　　记账：周莉

表 1-4-18

××银行转账支票存根
支票号码 0238

科　　目____________
对方科目____________
签发日期 2011 年 9 月 25 日

收款人：保险公司
金　额：¥72 985.76 元
用　途：养老保险金、失业保险金
备　注：

单位主管：　　　　会计：
复　　核：　　　　记账：周莉

表 1-4-19　　　　中国人民保险公司收据　　　　NO.072361

2011 年 9 月 25 日

兹收到：温海市某厂
金额：人民币柒万贰仟玖佰捌拾伍元柒角陆分　　¥72 985.76
系：养老保险金、失业保险金　　　　（明细见附表）
收款单位盖章　　　　　　　　收款人

表 1-4-20　　　　温海市公积金汇缴书

2011 年 9 月 25 日　　　　附清单 1 张

单位名称		温海市某厂				□ 汇缴 2011 年 9 月份	
公积金账号		112-507603409				□ 补缴　　人数	
汇缴金额（大写）：肆万捌仟陆佰伍拾柒元壹角捌分						¥48 657.18	
上月汇缴		本月增加汇缴		本月减少汇缴		本月汇缴	
人数	金额	人数	金额	人数	金额	人数	金额
银行盖章							

（7）铸造车间、金工车间、组装车间领用周转材料，见表 1-4-21 ~ 表 1-4-23。

表 1-4-21　　某厂领料单　　编号：

领料部门：铸造车间　　2011 年 9 月 25 日　　仓库：

材料编号	材料名称	计量单位	数　量	单价（元）	金额（元）	用　途
周转材料	耐热手套	副	10	7	70	一般消耗
周转材料	专用工具	把	120	47	5 640	一般消耗

供应单位：　　保管员：郑昊　　领料人：晁璜

表 1-4-22　　某厂领料单　　编号：

领料部门：金工车间　　2011 年 9 月 25 日　　仓库：

材料编号	材料名称	计量单位	数　量	单价（元）	金额（元）	用　途
周转材料	量具	套	6	60	360	一般消耗

供应单位：　　保管员：郑昊　　领料人：王达

表 1-4-23　　某厂领料单　　编号：

领料部门：组装车间　　2011 年 9 月 25 日　　仓库：

材料编号	材料名称	计量单位	数　量	单价（元）	金额（元）	用　途
周转材料	专用工具	套	10	571	5 710	一般消耗

供应单位：　　保管员：郑昊　　领料人：黄益

（8）厂部购办公用品，全厂统一分配，相关凭证见表 1-4-24 ~ 表 1-4-26。

表 1-4-24

××银行转账支票存根

支票号码 00239

科　　目__________

对方科目__________

签发日期 2011 年 9 月 25 日

收款人：文具商店
金　额：¥530.00 元
用　途：办公用品
备　注：

单位主管：　　会计：

复　　核：　　记账：周莉

表 1-4-25　　商业零售发票　　NO.0047707

客户名称：× ×　　2011 年 9 月 25 日

商品编码	商品名称	单位	单价（元）	数 量	金额（元）
	纸张	令	450.00	1	450.00
	墨水	瓶	4.00	20	80.00
合计金额（大写）：伍佰叁拾元整			¥530.00		

企业（盖章有效）　　收款：　　开票：

表 1-4-26　　办公用品分配表

2011 年 9 月　　金额单位：元

部 门	用品名称	金 额	领取人
铸造车间	办公用品	60.00	张 伟
金工车间	办公用品	80.00	李 刚
组装车间	办公用品	90.00	刘 国
供气车间	办公用品	50.00	梁 浩
机修车间	办公用品	50.00	孙 涛
管理部门	办公用品	200.00	李 杰
合 计		530.00	

记 账 凭 证

年　月　日　　第　号

摘要	总账科目	明细科目	借方金额									贷方金额								
			百	十	万	千	百	十	元	角	分	百	十	万	千	百	十	元	角	分
合计																				

附单据　　张

财务主管：　　记账：　　审核：　　制单：

记账凭证

年　月　日　　　　　　　　　　第　号

摘要	总账科目	明细科目	借方金额									贷方金额								
			百	十	万	千	百	十	元	角	分	百	十	万	千	百	十	元	角	分
合计																				

附单据　张

财务主管：　　记账：　　审核：　　制单：

记账凭证

年　月　日　　　　　　　　　　第　号

摘要	总账科目	明细科目	借方金额									贷方金额								
			百	十	万	千	百	十	元	角	分	百	十	万	千	百	十	元	角	分
合计																				

附单据　张

财务主管：　　记账：　　审核：　　制单：

记账凭证

年　月　日　　　　　　　　　　第　号

摘要	总账科目	明细科目	借方金额									贷方金额								
			百	十	万	千	百	十	元	角	分	百	十	万	千	百	十	元	角	分
合计																				

附单据　张

财务主管：　　记账：　　审核：　　制单：

记账凭证

年　月　日　　　　　　　　第　号

摘要	总账科目	明细科目	借方金额									贷方金额								
			百	十	万	千	百	十	元	角	分	百	十	万	千	百	十	元	角	分
合计																				

附单据　张

财务主管：　　　　记账：　　　　审核：　　　　制单：

记账凭证

年　月　日　　　　　　　　第　号

摘要	总账科目	明细科目	借方金额									贷方金额								
			百	十	万	千	百	十	元	角	分	百	十	万	千	百	十	元	角	分
合计																				

附单据　张

财务主管：　　　　记账：　　　　审核：　　　　制单：

记账凭证

年　月　日　　　　　　　　第　号

摘要	总账科目	明细科目	借方金额									贷方金额								
			百	十	万	千	百	十	元	角	分	百	十	万	千	百	十	元	角	分
合计																				

附单据　张

财务主管：　　　　记账：　　　　审核：　　　　制单：

记账凭证

年　月　日　　　　　　　　第　　号

摘要	总账科目	明细科目	借方金额									贷方金额								
			百	十	万	千	百	十	元	角	分	百	十	万	千	百	十	元	角	分
合计																				

附单据　张

财务主管:　　　　记账:　　　　审核:　　　　制单:

记账凭证

年　月　日　　　　　　　　第　　号

摘要	总账科目	明细科目	借方金额									贷方金额								
			百	十	万	千	百	十	元	角	分	百	十	万	千	百	十	元	角	分
合计																				

附单据　张

财务主管:　　　　记账:　　　　审核:　　　　制单:

记账凭证

年　月　日　　　　　　　　第　　号

摘要	总账科目	明细科目	借方金额									贷方金额								
			百	十	万	千	百	十	元	角	分	百	十	万	千	百	十	元	角	分
合计																				

附单据　张

财务主管:　　　　记账:　　　　审核:　　　　制单:

记 账 凭 证

年　月　日　　　　　　　　第　　号

摘要	总账科目	明细科目	借方金额									贷方金额								
			百	十	万	千	百	十	元	角	分	百	十	万	千	百	十	元	角	分
合计																				

附单据　　张

财务主管：　　　　记账：　　　　审核：　　　　制单：

记 账 凭 证

年　月　日　　　　　　　　第　　号

摘要	总账科目	明细科目	借方金额									贷方金额								
			百	十	万	千	百	十	元	角	分	百	十	万	千	百	十	元	角	分
合计																				

附单据　　张

财务主管：　　　　记账：　　　　审核：　　　　制单：

记 账 凭 证

年　月　日　　　　　　　　第　　号

摘要	总账科目	明细科目	借方金额									贷方金额								
			百	十	万	千	百	十	元	角	分	百	十	万	千	百	十	元	角	分
合计																				

附单据　　张

财务主管：　　　　记账：　　　　审核：　　　　制单：

记账凭证

年　月　日　　　　　　　　第　　号

摘要	总账科目	明细科目	借方金额									贷方金额									
			百	十	万	千	百	十	元	角	分	百	十	万	千	百	十	元	角	分	
																					附
																					单
																					据
																					张
合计																					

财务主管：　　　　记账：　　　　审核：　　　　制单：

记账凭证

年　月　日　　　　　　　　第　　号

摘要	总账科目	明细科目	借方金额									贷方金额									
			百	十	万	千	百	十	元	角	分	百	十	万	千	百	十	元	角	分	
																					附
																					单
																					据
																					张
合计																					

财务主管：　　　　记账：　　　　审核：　　　　制单：

答题纸：

项目 2 辅助生产费用归集与分配实训

任务 2.1 直接分配法

第一部分 知识回顾

一、辅助生产费用的归集

通过辅助生产费用分配，应计入产品成本的生产费用都已分别归集到了“基本生产成本”和“制造费用”两个账户。“基本生产成本”账户是按产品的品种归集的，这样，分产品归集的成本内容除了制造费用外，都已按成本项目归集完毕。等制造费用按产品品种分配后，“基本生产成本”账户就归集了产品生产所发生的全部耗费。辅助生产费用是指辅助生产车间为提供一定种类和数量的产品或劳务所发生的各项费用，企业应设置“生产成本——辅助生产成本”账户进行归集。月末根据辅助生产车间生产产品和提供劳务的数量，采用一定的方法分配给各个受益对象，以便正确计算基本生产车间生产的产品成本和各项期间费用。

二、辅助生产费用的分配

（1）常用的分配方法有，直接分配法、一次交互分配法、计划成本分配法、代数分配法和顺序分配法。

（2）应用公式。

费用分配率（单位成本）=某辅助生产部门待分配费用/该辅助生产部门提供给辅助生产部门以外受益对象的劳务总量

某受益对象应负担的费用=该受益对象接受的劳务供应量×费用分配率

第二部分 能力训练

一、实训目的

通过实训使学生熟悉辅助生产费用归集的程序，熟练掌握辅助生产费用的分配方法及账务处理。

二、实训要求

（1）根据实训资料，用直接分配法分配并编制辅助生产费用分配表，见表 2-1-2。

（2）根据分配表分配结果，编制会计分录。

（3）分配率保留小数点后 4 位有效数字。

（4）分配的小数尾数，计入管理费用。

三、实训条件

（1）实训形式：本实训由成本核算员 1 人独立完成。

（2）实训时间：本项实训约需 2 课时。

（3）实训用纸：记账凭证 6 张。

四、实训资料

该工厂设有供电、机修两个辅助生产车间，某月发生的辅助生产费用资料如表 2-1-1 所示。

表 2–1–1　　辅助生产费用

项　　目			供电车间	机修车间
辅助车间直接发生的费用			3 300 元	9 400 元
供应劳务数量			22 000 千瓦时	18 800 工时
计划单位成本			0.20 元/千瓦时	0.52 元/小时
耗用劳务数量	供电车间			800
	机修车间		2 000	
	基本生产车间	产品生产用	15 000	
		一般性耗用	4 000	16 000
	企业管理部门		1 000	2 000

表 2–1–2　　辅助生产费用分配表（直接分配法）

辅助车间名称			供电车间	机修车间	合　计
辅助生产待分配费用					
供应劳务数量					
单位成本（分配率）					
基本生产车间	产品生产耗用	耗用数量			
		分配金额			
	一般耗用	耗用数量			
		分配金额			
企业管理部门	耗用数量				
	分配金额				
合　计					

任务 2.2　交互分配法

第一部分　知识回顾

一、辅助生产费用的分配方法——交互分配法

交互分配是根据各辅助生产车间相互提供的产品或劳务的数量和交互分配率，在各辅助生产

车间之间进行一次交互分配；然后将各辅助生产车间交互分配后的实际费用（交互分配前的成本费用加上分配转入的成本费用，减去交互分配转出的费用），按对外提供产品或劳务的数量，在辅助生产车间以外的各受益单位之间进行分配。这种方法的特点是两次分配。

二、交互分配法计算公式

第一步：交互分配（对内分配）

（1）交互分配率

=某辅助生产车间交互分配前发生的费用/该辅助生产车间提供的产品或劳务数量

（2）某辅助生产车间交互分配转出费用

=该辅助生产车间交互分配率×该辅助生产车间为其他辅助生产车间提供的产品或劳务数量

（3）交互分配转入的费用

=∑（某辅助生产车间供应本车间的产品或劳务数量×该辅助生产车间交互分配率）

第二步：直接分配（对外分配）

（1）某辅助生产车间交互分配后的实际费用

=该辅助生产车间交互分配前的费用+该辅助生产车间交互分配转入的费用－该辅助生产车间交互分配转出的费用

（2）某辅助生产车间对外分配率

=该辅助生产车间交互分配后的实际费用/该辅助生产车间对外提供的产品或劳务数量

（3）某产品或车间、部门应分配的费用

=该产品或车间、部门受益的劳务量×该辅助生产车间对外分配率

第二部分　能力训练

一、实训目的

通过实训使学生熟悉辅助生产费用归集的程序，熟练掌握辅助生产费用的分配方法及账务处理。

二、实训要求

（1）根据实训资料，用交互分配法分配并编制辅助生产费用分配表，见表 2-1-3。

表 2-1-3　辅助生产费用分配表（交互分配法）

分配方向			交互分配			对外分配		
辅助车间名称			供电	机修	合计	供电	机修	合计
辅助生产待分配费用								
供应劳务数量								
单位成本（分配率）								
辅助车间	供电	耗用数量						
		分配金额						

续表

分配方向			交互分配			对外分配		
辅助车间名称			供电	机修	合计	供电	机修	合计
辅助车间	机修	耗用数量						
		分配金额						
成本生产车间	产品耗用	耗用数量						
		分配金额						
	一般耗用	耗用数量						
		分配金额						
企业管理部门	耗用数量							
	分配金额							
合计								

（2）根据分配表分配结果，编制会计分录。

（3）分配率保留小数点后 4 位有效数字。

（4）分配的小数尾数，计入管理费用。

三、实训条件

（一）实训形式：本实训由成本核算员 1 人独立完成。

（二）实训时间：本项实训约需 2 课时。

（三）实训用纸：记账凭证 6 张。

四、实训资料

该工厂设有供电、机修两个辅助生产车间，某月发生的辅助生产费用资料如表 2-1-1 所示。

任务 2.3 计划分配法

第一部分 知识回顾

一、辅助生产费用的分配方法——计划成本分配法

计划成本分配法是指按照计划成本将费用在各辅助生产车间进行分配和调整的一种方法，又称“内部结算价格分配法”。具体来说，就是根据各辅助生产车间为各受益车间和部门提供服务的数量，按照计划单位成本分配给各受益车间和部门（包括受益的其他辅助生产车间），然后将各辅助生产车间发生的实际费用，加上其他辅助生产车间分配来的费用同按计划单位成本计算的分配数之间的差额，对辅助生产车间以外的受益单位进行追加分配，或将其差额全部计入企业管理费。

二、计划成本分配法计算公式

计划成本分配法的实际成本=辅助生产成本归集的费用+按计划分配率分配转入的费用
辅助生产成本差异=实际成本-按计划分配率分配转出的费用
若 > 0，超支差异，转入管理费用借方
若 < 0，节约差异，可以用红字转出

第二部分　能力训练

一、实训目的

通过实训使学生熟悉辅助生产费用归集的程序，熟练掌握辅助生产费用的分配方法及账务处理。

二、实训要求

（1）根据实训资料，用计划成本分配法分配并编制辅助生产费用分配表，见表 2-1-4。

表 2-1-4　　辅助生产费用分配表（计划分配法）

<table>
<tr><th colspan="3">分配方向</th><th>供电车间</th><th>机修车间</th><th>合计</th></tr>
<tr><td colspan="3">辅助生产待分配费用</td><td></td><td></td><td></td></tr>
<tr><td colspan="3">供应劳务数量</td><td></td><td></td><td></td></tr>
<tr><td colspan="3">计划单位成本</td><td></td><td></td><td></td></tr>
<tr><td rowspan="4">辅助车间</td><td rowspan="2">供电</td><td>耗用数量</td><td></td><td></td><td></td></tr>
<tr><td>分配金额</td><td></td><td></td><td></td></tr>
<tr><td rowspan="2">机修</td><td>耗用数量</td><td></td><td></td><td></td></tr>
<tr><td>分配金额</td><td></td><td></td><td></td></tr>
<tr><td rowspan="4">成本生产车间</td><td rowspan="2">产品耗用</td><td>耗用数量</td><td></td><td></td><td></td></tr>
<tr><td>分配金额</td><td></td><td></td><td></td></tr>
<tr><td rowspan="2">一般耗用</td><td>耗用数量</td><td></td><td></td><td></td></tr>
<tr><td>分配金额</td><td></td><td></td><td></td></tr>
<tr><td rowspan="2">企业管理部门</td><td colspan="2">耗用数量</td><td></td><td></td><td></td></tr>
<tr><td colspan="2">分配金额</td><td></td><td></td><td></td></tr>
<tr><td colspan="3">按计划成本分配合计</td><td></td><td></td><td></td></tr>
<tr><td colspan="3">辅助生产实际成本</td><td></td><td></td><td></td></tr>
<tr><td colspan="3">辅助生产成本差异</td><td></td><td></td><td></td></tr>
</table>

（2）根据分配表分配结果，编制会计分录。
（3）分配率保留小数点后 4 位有效数字。
（4）分配的小数尾数，计入管理费用。
（5）采用计划成本分配法时，辅助生产成本差异全部计入管理费用。

三、实训条件

（一）实训形式：本实训由成本核算员 1 人独立完成。
（二）实训时间：本项实训约需 2 课时。
（三）实训用纸：记账凭证 6 张。

记 账 凭 证

年　月　日　　　　　　　　第　　号

摘要	总账科目	明细科目	借方金额									贷方金额								
			百	十	万	千	百	十	元	角	分	百	十	万	千	百	十	元	角	分
合计																				

附单据　张

财务主管：　　　　记账：　　　　审核：　　　　制单：

记 账 凭 证

年　月　日　　　　　　　　第　　号

摘要	总账科目	明细科目	借方金额									贷方金额								
			百	十	万	千	百	十	元	角	分	百	十	万	千	百	十	元	角	分
合计																				

附单据　张

财务主管：　　　　记账：　　　　审核：　　　　制单：

记 账 凭 证

年　月　日　　　　　　　　第　　号

摘要	总账科目	明细科目	借方金额									贷方金额								
			百	十	万	千	百	十	元	角	分	百	十	万	千	百	十	元	角	分
合计																				

附单据　　张

财务主管：　　记账：　　审核：　　制单：

记 账 凭 证

年　月　日　　　　　　　　第　　号

摘要	总账科目	明细科目	借方金额									贷方金额								
			百	十	万	千	百	十	元	角	分	百	十	万	千	百	十	元	角	分
合计																				

附单据　　张

财务主管：　　记账：　　审核：　　制单：

记 账 凭 证

年　月　日　　　　　　　　第　　号

摘要	总账科目	明细科目	借方金额									贷方金额								
			百	十	万	千	百	十	元	角	分	百	十	万	千	百	十	元	角	分
合计																				

附单据　　张

财务主管：　　记账：　　审核：　　制单：

记 账 凭 证

年　月　日　　　　第　号

摘要	总账科目	明细科目	借方金额									贷方金额								
			百	十	万	千	百	十	元	角	分	百	十	万	千	百	十	元	角	分
合计																				

附单据　张

财务主管：　记账：　审核：　制单：

答题纸：

项目 3
制造费用归集与分配实训

任务 3.1 制造费用的归集和分配

第一部分 知识回顾

一、制造费用的归集

制造费用是企业为生产产品而发生，应该计入产品成本，但没有专设成本项目的各项生产费用。这些费用中，有的是发生时直接记入“制造费用”账户，有的则是通过前述的费用分配归集到“制造费用”账户。归集到“制造费用”账户的生产费用。

二、制造费用的分配

在会计报告期末要采用适当的方法分配到有关的产品成本中。分配基本原则是：在只生产一种产品情况下直接转入；在生产多种产品情况下可按生产工人工时比例法、生产工人工资比例法、机器工时比例法或年度计划分配率法等方法分配给不同产品。通过制造费用的分配，在企业没有生产损失或虽有生产损失但不单独核算的情况下，生产费用在各种产品之间分配和归集任务就已经完成，下一步就可以将各产品的生产成本在完工产品与在产品之间进行分配。

制造费用常用的分配方法有：生产工人工时比例法、生产工人工资比例法、机器工时比例法和计划分配率法等。制造费用的分配方法一经确定，不应随意变动。

三、流程图

制造费用归集与分配流程如图 3-1-1 所示。

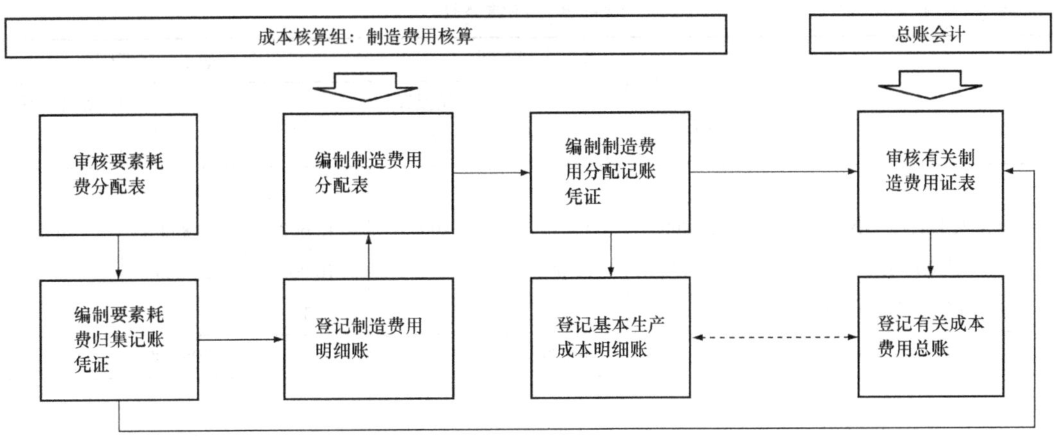

图 3-1-1 制造费用归集与分配流程图

四、应用公式

年度计划制造费用分配率的计算公式为：

年度计划制造费用分配率=年度制造费用计划总额/年度计划业务量（工时或生产工人工资）

第二部分 能力训练

一、实训目的

通过实训使学生熟悉制造费用归集的程序，熟练掌握制造费用的分配方法与账务处理。

二、实训要求

（1）设置一车间制造费用明细分类账户，编制费用归集的会计分录，并按明细项目登记明细分类，结出本期合计数，完成表 3-1-2。计算二车间制造费用发生数。

（2）采用实际分配率，并以直接人工工时为分配标准进行一车间制造费用的分配计算，编制一车间制造费用分配明细表，见表 3-1-3，并做出分配的会计分录。

（3）采用预定分配率法，以定额工时为分配标准进行二车间制造费用的分配计算。编制二车间制造费用分配明细表，见表 3-1-4，并做出分配的会计分录。

三、实训条件

（1）实训形式：本实训由成本核算员 1 人独立完成。

（2）实训时间：本项实训约需 3 课时。

（3）实训用纸：记账凭证 3 张。

四、实训资料：

某公司广东分厂 20× ×年度 8 月有关制造费用归集和分配的资料如表 3-1-1 所示。

表 3–1–1 制造费用核算资料

	第一基本生产车间			第二基本生产车间		
	甲产品	乙产品	废品损失——乙产品	甲产品	乙产品	废品损失——乙产品
直接人工工时（小时）	20 800	11 200	200	13 600	8 800	300
全年计划产量（件）	70 000	22 000		70 000	22 000	
单位产品定额工时（小时）	4	6		3	5	
全年制造费用预算	865 200			808 000		
使用一般性消耗材料	5 630			6 132		
管理人员工资	9 000			5 000		
按工资 14%计提职工福利费	1 260			700		
低值易耗品摊销费	1 245			897		
折旧费	28 050			13 100		
预提固定资产修理费	10 250			4 780		

续表

	第一基本生产车间			第二基本生产车间		
	甲产品	乙产品	废品损失——乙产品	甲产品	乙产品	废品损失——乙产品
摊销固定资产租赁费	890			—		
水费	2760			3 260		
电费	8 130			4 270		
差旅费	975			326		
办公费	570			425		
财产保险费	710			680		
运输费	5 120			2 130		

此外，该分厂 8 月份甲产品生产 6 000 件，乙产品生产 2 000 件。辅助生产车间为基本生产车间和分厂管理部门提供了经常性修理作业 2 900 小时，其中第一基本生产车间提供作业 1 800 小时，第二基本生产车间提供作业 1 100 小时，辅助生产机修车间费用共计 9 000 元。制造费用中，水电费、差旅费、办公费、财产保险费、运输费均通过开户银行结算。

表 3-1-2　　制造费用明细账

分厂车间名称：一车间

年		凭证号数	摘要	明细项目												
月	日			工资	职工福利费	折旧费	修理费	租赁费	低值易耗品摊销	水电费	差旅费	办公费	保险费	运输费	机物料消耗	合计

表 3-1-3　　　　　　　　　　制造费用分配明细表

一车间制造费用汇总数：

应借账户			分配标准	分配率	分配金额		
总账及二级账户	明细账户	明细项目			甲	乙	修复费用
合计							

表 3-1-4　　　　　　　　　　制造费用分配明细表

二车间制造费用汇总数：

应借账户			分配标准	分配率	分配金额		
总账及二级账户	明细账户	明细项目			甲	乙	修复费用
合计							

制造费用明细账

第____页

明细科目____________ 生产车间____________ 单位：元

年		凭证字号	摘要	耗费项目								合计
月	日											

制造费用明细账

第____页

明细科目____________　　生产车间____________　　单位：元

年		凭证字号	摘要	耗费项目								合计
月	日											

记账凭证

年　月　日　　　　　　　　第　　号

摘要	总账科目	明细科目	借方金额									贷方金额								
			百	十	万	千	百	十	元	角	分	百	十	万	千	百	十	元	角	分
合计																				

附单据　张

财务主管：　　　　记账：　　　　审核：　　　　制单：

记账凭证

年　月　日　　　　　　　　第　　号

摘要	总账科目	明细科目	借方金额									贷方金额								
			百	十	万	千	百	十	元	角	分	百	十	万	千	百	十	元	角	分
合计																				

附单据　张

财务主管：　　　　记账：　　　　审核：　　　　制单：

记账凭证

年　月　日　　　　　　　　第　　号

摘要	总账科目	明细科目	借方金额									贷方金额								
			百	十	万	千	百	十	元	角	分	百	十	万	千	百	十	元	角	分
合计																				

附单据　张

财务主管：　　　　记账：　　　　审核：　　　　制单：

答题纸：

任务 3.2 年度计划分配率分配法

第一部分 知识回顾

一、年度计划分配率分配法的概念

生产企业由于每月产品的实际生产量的悬殊，在分配制造费用时，如果采用一般的制造费用分配方法，就会造成产量低的月份产品负担非常大的制造费用，成本明显加大。为了均衡成本应采用制造费用的特殊分配方法——年度计划分配率。

二、分配有余额

进行分配时，计划与实际会有差别，所以会使该科目有余额。如果实际发生的大于计划分配率转出的就是借方余额，反之就是贷方余额。

第二部分 能力训练

一、实训目的

练习制造费用“年度计划分配率分配法”。

二、实训要求

（1）编制“制造费用分配表”，见表 3-2-2 ~ 表 3-2-4；
（2）年末按已分配比例将制造费用的计划成本调整为实际成本，填制记账凭证。

三、实训条件

（1）实训时间：本项实训约需 1 课时。
（2）实训用纸：记账凭证 2 张。

四、实训资料

（1）某车间全年计划制造费用总额为 60 000 元，生产情况如表 3-2-1 所示。

表 3–2–1

金额单位：元

全年计划生产情况			1 月份实际生产情况	
产品名称	产量（件）	工时定额	产量（件）	1 月份制造费用总额
甲产品	2 000	4	95	
乙产品	4 000	3	180	
合计				2 700

（2）年末时，制造费用实际发生额为 56 000 元，按计划分配率甲产品已分配 24 000 元，乙产品已分配 36 000 元。

表 3-2-2　　全年计划制造费用分配表

年　　月　　　　金额单位：元

产品名称	产量	定额工时	总工时	分配率	分配金额
甲产品					
乙产品					
合计					

表 3-2-3　　1 月份计划制造费用分配表

年　　月　　　　金额单位：元

产品名称	产量	定额工时	总工时	分配率	分配金额
甲产品					
乙产品					
合计					

表 3-2-4　　年度制造费用差异额分配表

年　　月　　　　金额单位：元

产品名称	计划分配率	实际发生额	差异额	调整比率	调整金额
甲产品					
乙产品					
合计					

记 账 凭 证

年　月　日　　　　第　　号

摘要	总账科目	明细科目	借方金额									贷方金额								
			百	十	万	千	百	十	元	角	分	百	十	万	千	百	十	元	角	分
合计																				

附单据　　张

财务主管：　　记账：　　审核：　　制单：

记账凭证

年　月　日　　　　　　　　　　　第　　号

<table>
<tr><td rowspan="2">摘要</td><td rowspan="2">总账科目</td><td rowspan="2">明细科目</td><td colspan="9">借方金额</td><td colspan="9">贷方金额</td><td rowspan="8">附单据
张</td></tr>
<tr><td>百</td><td>十</td><td>万</td><td>千</td><td>百</td><td>十</td><td>元</td><td>角</td><td>分</td><td>百</td><td>十</td><td>万</td><td>千</td><td>百</td><td>十</td><td>元</td><td>角</td><td>分</td></tr>
<tr><td></td><td></td><td></td><td></td><td></td><td></td><td></td><td></td><td></td><td></td><td></td><td></td><td></td><td></td><td></td><td></td><td></td><td></td><td></td><td></td><td></td></tr>
<tr><td></td><td></td><td></td><td></td><td></td><td></td><td></td><td></td><td></td><td></td><td></td><td></td><td></td><td></td><td></td><td></td><td></td><td></td><td></td><td></td><td></td></tr>
<tr><td></td><td></td><td></td><td></td><td></td><td></td><td></td><td></td><td></td><td></td><td></td><td></td><td></td><td></td><td></td><td></td><td></td><td></td><td></td><td></td><td></td></tr>
<tr><td></td><td></td><td></td><td></td><td></td><td></td><td></td><td></td><td></td><td></td><td></td><td></td><td></td><td></td><td></td><td></td><td></td><td></td><td></td><td></td><td></td></tr>
<tr><td></td><td></td><td></td><td></td><td></td><td></td><td></td><td></td><td></td><td></td><td></td><td></td><td></td><td></td><td></td><td></td><td></td><td></td><td></td><td></td><td></td></tr>
<tr><td>合计</td><td></td><td></td><td></td><td></td><td></td><td></td><td></td><td></td><td></td><td></td><td></td><td></td><td></td><td></td><td></td><td></td><td></td><td></td><td></td><td></td></tr>
</table>

财务主管：　　　　　　记账：　　　　　　审核：　　　　　　制单：

记账凭证

年　月　日　　　　　　　　　　　第　　号

<table>
<tr><td rowspan="2">摘要</td><td rowspan="2">总账科目</td><td rowspan="2">明细科目</td><td colspan="9">借方金额</td><td colspan="9">贷方金额</td><td rowspan="8">附单据
张</td></tr>
<tr><td>百</td><td>十</td><td>万</td><td>千</td><td>百</td><td>十</td><td>元</td><td>角</td><td>分</td><td>百</td><td>十</td><td>万</td><td>千</td><td>百</td><td>十</td><td>元</td><td>角</td><td>分</td></tr>
<tr><td></td><td></td><td></td><td></td><td></td><td></td><td></td><td></td><td></td><td></td><td></td><td></td><td></td><td></td><td></td><td></td><td></td><td></td><td></td><td></td><td></td></tr>
<tr><td></td><td></td><td></td><td></td><td></td><td></td><td></td><td></td><td></td><td></td><td></td><td></td><td></td><td></td><td></td><td></td><td></td><td></td><td></td><td></td><td></td></tr>
<tr><td></td><td></td><td></td><td></td><td></td><td></td><td></td><td></td><td></td><td></td><td></td><td></td><td></td><td></td><td></td><td></td><td></td><td></td><td></td><td></td><td></td></tr>
<tr><td></td><td></td><td></td><td></td><td></td><td></td><td></td><td></td><td></td><td></td><td></td><td></td><td></td><td></td><td></td><td></td><td></td><td></td><td></td><td></td><td></td></tr>
<tr><td></td><td></td><td></td><td></td><td></td><td></td><td></td><td></td><td></td><td></td><td></td><td></td><td></td><td></td><td></td><td></td><td></td><td></td><td></td><td></td><td></td></tr>
<tr><td>合计</td><td></td><td></td><td></td><td></td><td></td><td></td><td></td><td></td><td></td><td></td><td></td><td></td><td></td><td></td><td></td><td></td><td></td><td></td><td></td><td></td></tr>
</table>

财务主管：　　　　　　记账：　　　　　　审核：　　　　　　制单：

项目 4
损失性费用归集与分配实训

任务 4.1 废品损失的归集和分配

第一部分 知识回顾

一、损失性费用归集与分配

生产损失是生产过程中发生的不能形成正常产出的各种耗费，主要包括废品损失和停工损失两大部分。废品损失是指由于生产的产品质量不符合规定的技术标准而发生的报废损失和修复费用；停工损失是指由于机器故障及非季节性停工、修理等而发生的耗费。

二、流程图

废品损失的核算流程如图 4-1-1 所示。

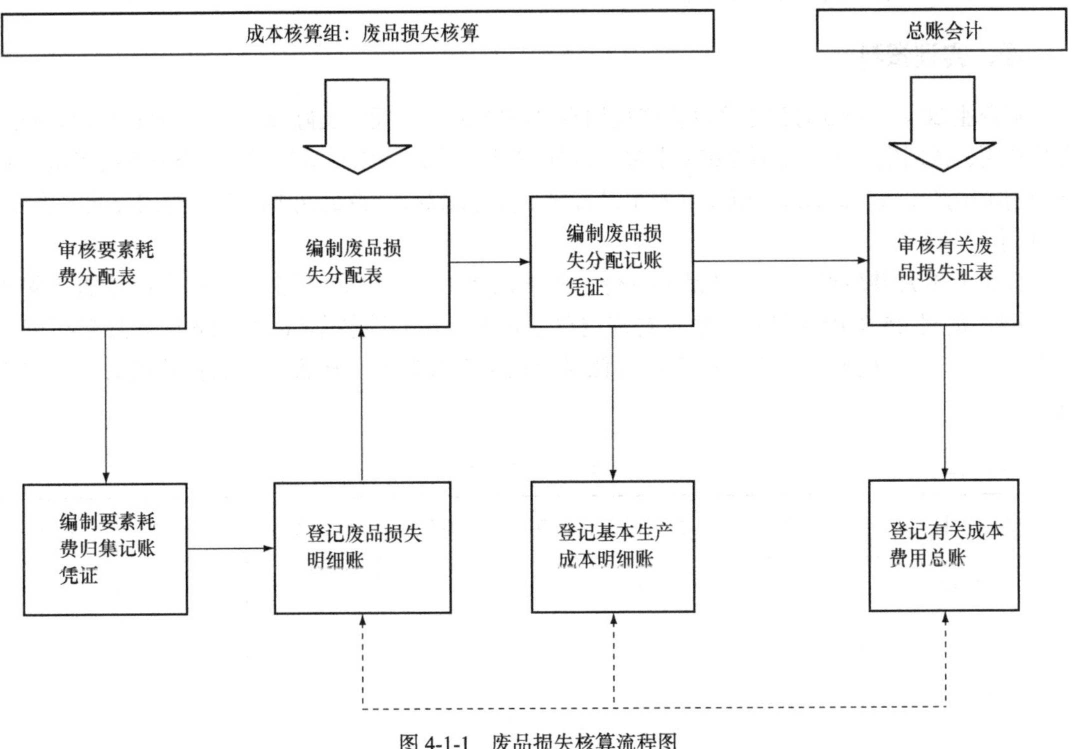

图 4-1-1 废品损失核算流程图

第二部分 能力训练

一、实训目的

通过实训使学生熟悉废品损失费用归集的程序，掌握废品损失费用的分配方法及账务处理。

二、实训要求

（1）假定该企业设置“废品损失”账户和“废品损失”成本项目，根据实训资料编制有关废品损失的会计分录，登记产品成本明细账，完成表 4-1-1 及表 4-1-2，并计算出本月完工产品与月末在产品的成本。

（2）假定该企业不设“废品损失”账户，也不设“废品损失”成本项目，登记产品成本明细账，完成表 4-1-3，计算产成品成本和在产品成本。

（3）说明要求（1）、要求（2）在核算上有什么不同，比较它们的完工产品成本是否一致，并说明原因和比较其优缺点。

三、实训条件

（1）实训形式：本实训由成本核算员 1 人独立完成。

（2）实训时间：本项实训约需 2 课时。

（3）实训用纸：记账凭证 6 张。

四、实训资料

某企业 20××年 3 月份甲产品生产耗用直接材料 55 170 元（实际成本），其中 670 元为修复废品耗用；耗用生产工人工时 2 058 小时，其中 58 小时为修复废品所耗用。该企业直接工资、制造费用按生产工人工时比例分配，其中本月直接工资分配率为 0.9 元/小时，制造费用分配率为 0.4 元/小时。

该企业本月共生产完工甲产品 460 件，其中包括 12 件可修复废品。期初在产品加工程度达 40%，发现 25 件因原材料质量不符规定要求报废，回收残料估价 50 元入库。月末在产品结存 60 件，加工程度达 50%。甲产品所耗材料在生产开始时一次投入，工费随加工过程均匀发生。

表 4-1-1　　　　　　　　　　　　生产成本明细账

项　目	产量	工时	直接材料	直接工资	制造费用	废品损失	合计
本月费用							
约当产量							
单位成本							
转出废品损失							
转入废品损失							
完工产品成本							
在产品成本							

表 4-1-2 废品损失明细账

项　目	产量	直接材料	直接工资	制造费用	合计
可修复费用					
不可修复废品损失					
残值收入					
结转废品净损失					

表 4-1-3 生产成本明细账

项　目	产量	工时	直接材料	直接工资	制造费用	合计
本月费用合计						
约当产量						
在产品成本						
产成品成本						
单位成本						

记 账 凭 证

年　月　日　　　　第　号

摘要	总账科目	明细科目	借方金额									贷方金额								
			百	十	万	千	百	十	元	角	分	百	十	万	千	百	十	元	角	分
合计																				

附单据　张

财务主管：　　记账：　　审核：　　制单：

记 账 凭 证

年　月　日　　　　第　号

摘要	总账科目	明细科目	借方金额									贷方金额								
			百	十	万	千	百	十	元	角	分	百	十	万	千	百	十	元	角	分
合计																				

附单据　张

财务主管：　　记账：　　审核：　　制单：

记 账 凭 证

年　月　日　　　　　　　　第　　号

摘要	总账科目	明细科目	借方金额									贷方金额								
			百	十	万	千	百	十	元	角	分	百	十	万	千	百	十	元	角	分
合计																				

附单据　　张

财务主管：　　记账：　　审核：　　制单：

记 账 凭 证

年　月　日　　　　　　　　第　　号

摘要	总账科目	明细科目	借方金额									贷方金额								
			百	十	万	千	百	十	元	角	分	百	十	万	千	百	十	元	角	分
合计																				

附单据　　张

财务主管：　　记账：　　审核：　　制单：

记 账 凭 证

年　月　日　　　　　　　　第　　号

摘要	总账科目	明细科目	借方金额									贷方金额								
			百	十	万	千	百	十	元	角	分	百	十	万	千	百	十	元	角	分
合计																				

附单据　　张

财务主管：　　记账：　　审核：　　制单：

记 账 凭 证

年　月　日　　　　　　　第　　号

摘要	总账科目	明细科目	借方金额									贷方金额								
			百	十	万	千	百	十	元	角	分	百	十	万	千	百	十	元	角	分
合计																				

附单据　　张

财务主管：　　　　记账：　　　　审核：　　　　制单：

答题纸：

任务 4.2　废品损失的计算

第一部分　知识回顾

废品损失又可分为可修复废品损失和不可修复废品损失。可修复废品损失指将废品修复成合格品而发生的修复费用；不可修复废品损失指的是废品的生产成本，如果有残值收入要将其扣除。废品损失的归集要专设“废品损失”账户进行，月末根据不同原因将其净额转入“基本生产成本”账户、“其他应收款”账户或“营业外支出”账户等。

第二部分　能力训练

一、实训目的

通过实训使学生熟悉可修复与不可修复废品损失成本的计算。

二、实训要求

根据实训资料计算可修复费用与不可修复废品的成本，编制废品损失明细表，见表 4-2-1，并编制记账凭证。

三、实训条件

（1）实训形式：本实训由成本核算员 1 人独立完成。
（2）实训时间：本项实训约需 1 课时。
（3）实训用纸：记账凭证 6 张。

四、实训资料

上月完工入库的甲产品中发现 3 件不可修复废品和 10 件可修复废品，经查，其中有 2 件不可修复废品和 8 件可修复废品系生产原因造成的，另外 1 件不可修复废品和 2 件可修复废品系成品仓库保管不善造成的。不可修复废品报废每件回收残值 25 元（可做材料用），可修复废品 10 件当即送交车间进行返修，共发生以下修复费用：直接材料 350 元，直接工资 180 元，应负担的制造费用 160 元（假定每件可修复废品的修复费用均等）。10 件可修复废品本月修完，并交回产成品仓库。上月甲产品单位成本为 167 元，其中，直接材料 135 元，直接工资 16 元，制造费用 14 元，废品损失 2 元。

表 4-2-1　　废品损失明细表

生产单位：基本生产品车间　　产品：甲

摘　要	借　方	贷　方	余　额
分配废品修复成本			
结转废品生产成本			
回收废品残料价值			
应收过失人赔偿款			
结转废品损失			

记 账 凭 证

年　月　日　　第　号

摘要	总账科目	明细科目	借方金额									贷方金额								
			百	十	万	千	百	十	元	角	分	百	十	万	千	百	十	元	角	分
合计																				

附单据　张

财务主管：　　记账：　　审核：　　制单：

记 账 凭 证

年　月　日　　第　号

摘要	总账科目	明细科目	借方金额									贷方金额								
			百	十	万	千	百	十	元	角	分	百	十	万	千	百	十	元	角	分
合计																				

附单据　张

财务主管：　　记账：　　审核：　　制单：

记 账 凭 证

年　月　日　　　　第　　号

摘要	总账科目	明细科目	借方金额									贷方金额								
			百	十	万	千	百	十	元	角	分	百	十	万	千	百	十	元	角	分
合计																				

附单据　　张

财务主管：　　记账：　　审核：　　制单：

记 账 凭 证

年　月　日　　　　第　　号

摘要	总账科目	明细科目	借方金额									贷方金额								
			百	十	万	千	百	十	元	角	分	百	十	万	千	百	十	元	角	分
合计																				

附单据　　张

财务主管：　　记账：　　审核：　　制单：

记 账 凭 证

年　月　日　　　　第　　号

摘要	总账科目	明细科目	借方金额									贷方金额								
			百	十	万	千	百	十	元	角	分	百	十	万	千	百	十	元	角	分
合计																				

附单据　　张

财务主管：　　记账：　　审核：　　制单：

答题纸：

项目 5 生产费用在完工产品和在产品之间分配实训

任务 5.1 在产品投料程度和完工程度的计算

第一部分 知识回顾

一、在产品的概念及生产费用在完工产品和月末产品之间的分配方法

在产品是企业已经投入生产，但尚未最后完成，不能作为商品销售的产品。在产品有广义和狭义之分。广义在产品是指产品从生产投料开始到最终制成产成品交付验收入库前的一切产品；狭义在产品是企业的某一生产单位或某一步骤中尚未加工或装配完成的产品。

计算产品成本，必须要确定月末在产品的数量。月末在产品数量的确定可以有两种方法：一是通过账面核算资料确定，即通过“在产品收发存明细账”上反映的期末结存数确定；二是在月末，通过对在产品进行实地盘点确定。在成本会计实务中，这两种方法往往是结合运用，以确保在产品数量的准确性。

产品成本在完工产品与月末在产品之间的分配方法主要有，在产品忽略不计法、在产品按固定成本计价法、在产品按所耗原材料费用计价法、约当产量比例法、在产品按完工产品计算法、在产品按定额成本计价法和定额比例法。其中，约当产量法及后两种方法比较特殊且尤为重要、复杂。

二、流程图

完工产品成本核算流程如图 5-1-1 所示。

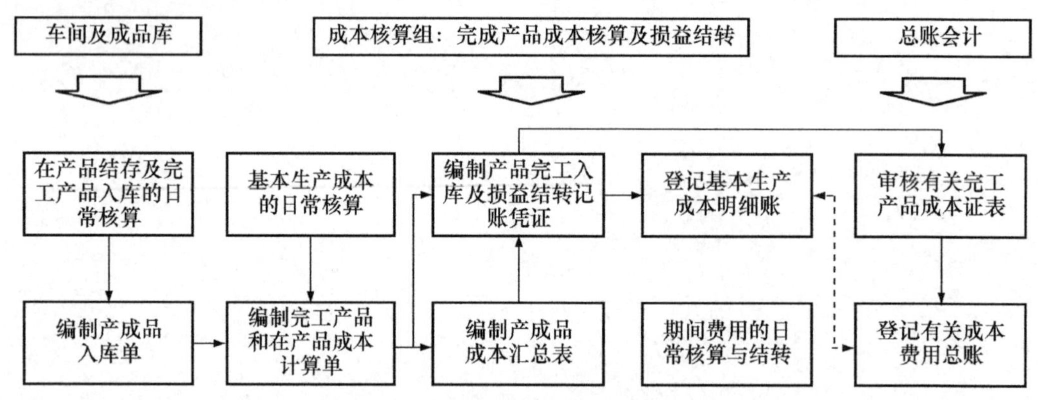

图 5-1-1 完工产品成本核算流程图

第二部分 能力训练

一、实训目的

掌握在产品投料程度和完工程度的计算。

二、实训要求

（1）计算各工序在产品完工程度，填入表5-1-5；
（2）计算各工序在产品投料程度填入表5-1-6；
（3）计算月末在产品约当产量；
（4）计算月末完工产品成本和在产品成本填入表5-1-7。

三、实训条件

（1）实训时间：本项实训约需1课时。
（2）实训用纸：记账凭证1张。

四、实训资料

某企业生产甲产品，经过三道工序制成，各工序定额及生产情况如表5-1-1～表5-1-4所示。

表5-1-1　　工时定额

工　序	第一工序	第二工序	第三工序	合　计
工时定额（小时）	20	16	14	50

表5-1-2　　材料费用定额

工　序	第一工序	第二工序	第三工序	合　计
材料费用定额（元）	200	80	120	400

表5-1-3　　在产品数量

工　序	第一工序	第二工序	第三工序	合　计
在产品数量（件）	60	20	20	100

甲产品本月完工900件。

表5-1-4　　生产费用情况　　金额单位：元

成本项目 / 费　用	直接材料	直接人工	制造费用	合　计
月初在产品成本	4 016	1 594	2 030	7 640
本月生产费用	212 000	50 140	69 380	331 520
合　计	216 016	51 734	71 410	339 160

表 5-1-5　　在产品完工程度和约当产量计算表

年　月

生产工序	工时定额（小时）	完工程度（%）	月末在产品数量（件）	在产品约当产量（件）
第一工序				
第二工序				
第三工序				
合　计				

表 5-1-6　　在产品投料程度及约当产量计算表

年　月

生产工序	投料定额（元）	投料程度（%）	月末在产品数量（件）	在产品约当产量（件）
第一工序				
第二工序				
第三工序				
合　计				

表 5-1-7　　完工产品、在产品成本计算单

部门：　产品类别：　年　月　金额单位：

成本项目				生产量（件）		单位产品成本	完工产品成本	在产品成本
项目	月初在产品成本	本月生产费用	合计	完工产品数量	在产品约当产量			
直接材料								
直接人工								
制造费用								
合　计								

记 账 凭 证

年　月　日　　第　号

摘要	总账科目	明细科目	借方金额									贷方金额									
			百	十	万	千	百	十	元	角	分	百	十	万	千	百	十	元	角	分	附单据
																					张
合计																					

财务主管：　记账：　审核：　制单：

记 账 凭 证

年　月　日　　　　　　　　第　　号

摘要	总账科目	明细科目	借方金额									贷方金额								
			百	十	万	千	百	十	元	角	分	百	十	万	千	百	十	元	角	分
合计																				

附单据　　张

财务主管：　　记账：　　审核：　　制单：

记 账 凭 证

年　月　日　　　　　　　　第　　号

摘要	总账科目	明细科目	借方金额									贷方金额								
			百	十	万	千	百	十	元	角	分	百	十	万	千	百	十	元	角	分
合计																				

附单据　　张

财务主管：　　记账：　　审核：　　制单：

答题纸：

任务 5.2 按约当产量法计算在产品成本

第一部分 知识回顾

一、约当产量法

约当产量法是将期初在产品成本与本期发生的生产费用之和，按完工产品数量和月末在产品约当产量的比例进行分配，以计算本期完工产品成本和月末在产品成本的一种方法。而约当产量是指根据月末在产品的投料和加工程度，将在产品按一定标准折合成相当于完工产品的数量。约当产量法适用于月末在产品数量较大，各月月末在产品数量变化也较大，产品成本中原材料费用和人工及制造费用的比重相差不大的产品。

二、计算公式

第一步计算在产品约当产量

公式 1：在产品约当产量=在产品数量×完工率（完工程度）

第二步计算费用分配率（即每件完工产品应分配的费用）

公式 2：费用分配率=（期初在产品成本+本期生产费用）/（完工产品产量+期末在产品约当量）

第三步求出在产品的成本

公式 3：月末在产品成本=月末在产品约当产量×费用分配率

第四步求出完工产品的成本

公式 4：完工产品成本=完工产品数量×费用分配率

月末在产品成本=在产品约当产量×费用分配率

第二部分 能力训练

一、实训目的

通过实训使学生熟悉生产费用在完工产品和在产品之间分配的程序，熟练掌握生产费用的分配方法和账务处理。

二、实训要求

（1）甲产品所耗直接材料在生产开始时一次投入。

（2）采用约当产量比例法划分完工产品与在产品成本，并填制表 5-2-3。

三、实训条件

（1）实训时间：本项实训约需 1 课时。

（2）实训用纸：记账凭证 1 张。

四、实训资料

（1）某企业 20××年 8 月有关甲产品基本生产成本汇总如表 5-2-1 所示。

表 5-2-1　甲产品基本生产成本

	直接材料	直接工资	制造费用	废品损失
月初在产品成本	5 000	416	176	—
本月生产耗费	29 800	6 084	3 744	273

（2）甲产品 8 月份投入产出情况如表 5-2-2 所示。

表 5-2-2　本月投入产出情况

	数量（件）	在产品加工程度
月初结存在产品	40	40%
本月投入生产	250	
本月完工产品	210	
月末结存在产品	80	50%

表 5-2-3　产品成本明细账

产品名称：甲产品　200××年 8 月

摘　要	直接材料	直接工资	制造费用	废品损失	合　计
月初在产品成本					
本月生产耗费					
费用合计					
约当产量					
分配率					
月末在产品成本					
完工产品总成本					
完工产品单位成本					

记 账 凭 证

年　月　日　　　　第　　号

摘要	总账科目	明细科目	借方金额									贷方金额								
			百	十	万	千	百	十	元	角	分	百	十	万	千	百	十	元	角	分
合计																				

附单据　　张

财务主管：　　记账：　　审核：　　制单：

记 账 凭 证

年 月 日 第 号

摘要	总账科目	明细科目	借方金额									贷方金额								
			百	十	万	千	百	十	元	角	分	百	十	万	千	百	十	元	角	分
合计																				

附单据 张

财务主管： 记账： 审核： 制单：

任务 5.3 完工产品与在产品成本划分的计算

第一部分 知识回顾

一、完工产品、在产品费用之间的关系

本月完工产品费用=本月费用+月初在产品费用-月末在产品费用

根据这一关系，结合生产特点，完工产品与在产品费用的分配方法通常有：在产品不计算成本法、在产品按固定成本计价法、在产品按所耗用直接材料成本计价法、约当产量比例法、在产品按定额成本计价法和定额比例法。

二、计算公式

加权平均单位成本=（月初结存存货成本+本月购入存货成本）/（月初结存存货数量+本月购入存货数量）

第二部分 能力训练

一、实训目的

掌握完工产品与在产品成本划分的计算。

二、实训要求

（1）采用加权平均法计算月末在产品成本和本月完工产品总成本及单位成本，填写表5-3-1。

表5-3-1　丙产品成本计算单

摘　要	直接材料	直接工资	制造费用	合　计
月初在产品成本				
本月费用				
合　计				
约当产量				
分 配 率				
完工产品总成本				
完工产品单位成本				
月末在产品成本				

（2）将计算月末在产品约当量的算式列示如下。

三、实训条件

（1）实训时间：本项实训约需1课时。
（2）实训用纸：记账凭证1张。

四、实训资料

（1）某企业20××年9月丙产品基本生产成本汇总资料如表5-3-2所示。

表5-3-2　丙产品基本生产成本

	直接材料	直接工资	制造费用
月初在产品成本	14 838.00	539.67	573.30
本月产耗费	52 122.00	4 292.43	3 019.80

（2）丙产品9月份生产投入和产出资料如表5-3-3所示。

表5-3-3　本月生产投入和产出情况

		数量(件)	在产品在本工序加工程度	各工序定额工时
月初结存在产品	第一道工序结存	20	40%	6小时
	第二道工序结存	50	30%	10小时
	第三道工序结存	8	50%	4小时
	小　计	78		

续表

		数量(件)	在产品在本工序加工程度	各工序定额工时
本月生产投入		225		
本月完工产成品		213		
月末结存在产品	第一道工序结存	50	40%	
	第二道工序结存	20	60%	
	第三道工序结存	20	20%	
	小　计	90		

（3）丙产品所耗直接材料在第一道工序开始加工时投入 60%，在第二道工序加工开始时再投入 20%，其余 20%在第三道工序开始加工时投入。

（4）采用约当产量比例法划分完工产品与在产品的成本。

记 账 凭 证

年　月　日　　　　　　　　第　　号

摘要	总账科目	明细科目	借方金额									贷方金额								
			百	十	万	千	百	十	元	角	分	百	十	万	千	百	十	元	角	分
合计																				

附单据　　张

财务主管：　　　记账：　　　审核：　　　制单：

记 账 凭 证

年　月　日　　　　　　　　第　　号

摘要	总账科目	明细科目	借方金额									贷方金额								
			百	十	万	千	百	十	元	角	分	百	十	万	千	百	十	元	角	分
合计																				

附单据　　张

财务主管：　　　记账：　　　审核：　　　制单：

记 账 凭 证

年　月　日　　　　　　第　号

<table>
<tr><td rowspan="2">摘要</td><td rowspan="2">总账科目</td><td rowspan="2">明细科目</td><td colspan="9">借方金额</td><td colspan="9">贷方金额</td></tr>
<tr><td>百</td><td>十</td><td>万</td><td>千</td><td>百</td><td>十</td><td>元</td><td>角</td><td>分</td><td>百</td><td>十</td><td>万</td><td>千</td><td>百</td><td>十</td><td>元</td><td>角</td><td>分</td></tr>
<tr><td></td><td></td><td></td><td></td><td></td><td></td><td></td><td></td><td></td><td></td><td></td><td></td><td></td><td></td><td></td><td></td><td></td><td></td><td></td><td></td></tr>
<tr><td></td><td></td><td></td><td></td><td></td><td></td><td></td><td></td><td></td><td></td><td></td><td></td><td></td><td></td><td></td><td></td><td></td><td></td><td></td><td></td></tr>
<tr><td></td><td></td><td></td><td></td><td></td><td></td><td></td><td></td><td></td><td></td><td></td><td></td><td></td><td></td><td></td><td></td><td></td><td></td><td></td><td></td></tr>
<tr><td></td><td></td><td></td><td></td><td></td><td></td><td></td><td></td><td></td><td></td><td></td><td></td><td></td><td></td><td></td><td></td><td></td><td></td><td></td><td></td></tr>
<tr><td></td><td></td><td></td><td></td><td></td><td></td><td></td><td></td><td></td><td></td><td></td><td></td><td></td><td></td><td></td><td></td><td></td><td></td><td></td><td></td></tr>
<tr><td></td><td></td><td></td><td></td><td></td><td></td><td></td><td></td><td></td><td></td><td></td><td></td><td></td><td></td><td></td><td></td><td></td><td></td><td></td><td></td></tr>
<tr><td>合计</td><td></td><td></td><td></td><td></td><td></td><td></td><td></td><td></td><td></td><td></td><td></td><td></td><td></td><td></td><td></td><td></td><td></td><td></td><td></td></tr>
</table>

附单据　张

财务主管：　　记账：　　审核：　　制单：

答题纸：

任务 5.4　在产品成本按定额比例法计算

第一部　知识回顾

一、定额比例法

定额比例法是产品的生产费用按照完工产品和月末在产品的定额消耗量或定额费用的比例，分配计算完工产品成本和月末在产品成本的方法 。其中，原材料费用按照原材料定额消耗量或原材料定额费用比例分配；工资、福利费和制造费用等各项加工费，可以按定额工时的比例分配，也可以按定额费用比例分配。

二、计算公式

（1）消耗量分配率=（月初在产品实际消耗量+本月实际消耗量）/（完工产品定额消耗量+月末在产品定额消耗量）

（2）完工产品实际消耗量=完工产品定额消耗量×消耗量分配率

（3）完工产品费用=完工产品实际消耗量×原材料单价（或单位工时的工资、费用）

（4）月末在产品实际消耗量=月末在产品定额消耗量×消耗量分配率

（5）月末在产品费用=月末在产品实际消耗量×原材料单价（或单位工时的工资、费用）

第二部分　能力训练

一、实训目的

掌握按定额比例法计算在产品成本。

二、实训要求

采用定额比例法计算丙产品本月完工产品成本和月末在产品成本，并将计算结果填入丙产品成本计算单，见表 5-4-5。

三、实训条件

（1）实训时间：本项实训约需 1 课时。

（2）实训用纸：记账凭证 3 张。

四、实训资料

（1）某企业生产丙产品，生产费用资料如表 5-4-1 所示。

表 5-4-1　　丙产品生产费用

成本项目 费　用	直接材料	直接人工	制造费用	合　计
月初在产品成本	10 329.60	3 329.40	1 994.60	15 653.60
本月生产费用	92 966.40	29 421.60	17 656.00	140 044.00

（2）丙产品本月完工入库 2 000 件，月末在产品 800 件，各工序在产品数量见表 5-4-2。

表 5-4-2　　在产品数量

工　序	第一工序	第二工序	第三工序	合　计
在产品数量（件）	300	280	220	800

（3）各工序月末在产品投料程度见表 5-4-3。

表 5-4-3　　在产品投料程度

工　序	第一工序	第二工序	第三工序
投料程度	75%	87.5%	100%

单位丙产品原材料消耗定额为 40 元。

（4）各工序月末在产品完工程度见表 5-4-4。

表 5-4-4　　在产品完工程度

工　序	第一工序	第二工序	第三工序
完工程度	20%	60%	90%

单位丙产品工时消耗定额为 45 小时。

表 5-4-5　　产品成本计算单

部门：　　产品类别：　　年　月　　金额单位：

摘　要		直接材料	直接人工	制造费用	合　计
月初在产品成本					
本月发生生产费用					
生产费用合计					
总定额	完工产品				
	月末在产品				
	合　计				
费用分配率					
完工产品实际总成本					
月末在产品实际总成本					

记账凭证

年　月　日　　　　　　　　第　　号

摘要	总账科目	明细科目	借方金额									贷方金额								
			百	十	万	千	百	十	元	角	分	百	十	万	千	百	十	元	角	分
合计																				

附单据　张

财务主管：　　　记账：　　　审核：　　　制单：

记账凭证

年　月　日　　　　　　　　第　　号

摘要	总账科目	明细科目	借方金额									贷方金额								
			百	十	万	千	百	十	元	角	分	百	十	万	千	百	十	元	角	分
合计																				

附单据　张

财务主管：　　　记账：　　　审核：　　　制单：

记账凭证

年　月　日　　　　　　　　第　　号

摘要	总账科目	明细科目	借方金额									贷方金额								
			百	十	万	千	百	十	元	角	分	百	十	万	千	百	十	元	角	分
合计																				

附单据　张

财务主管：　　　记账：　　　审核：　　　制单：

任务 5.5 在产品按定额成本计价核算

第一部分 知识回顾

一、定额成本法

定额成本法是指月末在产品成本根据月末在产品数量和单位定额成本计算，然后从本月累计生产费用中扣除，以求得完工产品成本的一种方法。采用在产品按定额成本计价法，在产品成本按定额成本计价，该种产品的全部生产费用减去按定额成本计算的月末在产品成本的余额，作为完工产品成本。生产费用脱离定额的差异则全部计入当月完工产品成本，而月末在产品不计算分配脱离定额的差异。

二、计算公式

（1）月末在产品成本=月末在产品数量×在产品单位定额成本

（2）完工产品总成本=（月初在产品成本+本月发生生产成本）-月末在产品成本

（3）完工成品单位成本=完工产品总成本÷产成品产量

第二部分 能力训练

一、实训目的

掌握定额成本法的应用。

二、实训要求

（1）按定额比例法划分完工产品与在产品成本，并计算出完工产品的单位成本。

（2）若月末在产品按定额成本计价，计算月末在产品成本和本月完工产品总成本及单位成本。

（3）根据以上计算结果，完成甲产品成本计算单，见表 5-5-3。

三、实训条件

（1）实训时间：本项实训约需 1 课时。

（2）实训用纸：记账凭证 2 张。

四、实训资料

某企业甲产品生产需耗用 A 种原料和 B、C 两种辅助材料。该企业 20××年 6 月有关资料如下。

（1）单位产品定额耗用量和定额成本资料如表 5-5-1 所示。

表 5–5–1　　单位产品定额耗用量和定额成本

	直接材料			直接工资	制造费用
	A 材料	B 材料	C 材料		
材料与工时定额耗用量	40 千克	2 千克	4 千克	20 小时	20 小时
材料计划单位成本	12 元	5 元	2.5 元		
直接工资的计划工资率				0.8 元	
制造费用计划分配率					0.7 元
定额成本	480 元	10 元	10 元	16 元	14 元

（2）甲产品 6 月份投入产出资料如表 5-5-2 所示。

表 5–5–2　　本月投入产出情况

	数量（台）	在产品加工程度	在产品投料程度
月初在产品结存	100		
本月生产投入	400		
本月完工产品	350		
月末在产品结存	150	50%	80%

（3）月初在产品成本为，直接材料 11 102 元，直接工资 320 元，制造费用 272 元。

（4）本月生产耗用 A 材料 17 200 千克，B 材料 900 千克，C 材料 1 600 千克。本月材料成本差异率为+2%。本月发生的直接工资成本为 7 840 元，制造费用为 6 103 元。

表 5–5–3　　甲产品成本计算单

摘　　要		直接材料	直接工资	制造费用	合　计
月初在产品成本					
本月生产耗费					
合　计					
定额比例法	完工产品定额				
	月末在产品定额				
	小　计				
	分配率				
	月末在产品成本				
	完工产品总成本				
	完工产品单位成本				
定额成本计价	月末在产品成本				
	完工产品总成本				
	完工产品单位成本				

记账凭证

年　月　日　　　　　　第　　号

摘要	总账科目	明细科目	借方金额									贷方金额								
			百	十	万	千	百	十	元	角	分	百	十	万	千	百	十	元	角	分
合计																				

附单据　张

财务主管：　　记账：　　审核：　　制单：

记账凭证

年　月　日　　　　　　第　　号

摘要	总账科目	明细科目	借方金额									贷方金额								
			百	十	万	千	百	十	元	角	分	百	十	万	千	百	十	元	角	分
合计																				

附单据　张

财务主管：　　记账：　　审核：　　制单：

记账凭证

年　月　日　　　　　　第　　号

摘要	总账科目	明细科目	借方金额									贷方金额								
			百	十	万	千	百	十	元	角	分	百	十	万	千	百	十	元	角	分
合计																				

附单据　张

财务主管：　　记账：　　审核：　　制单：

项目 6

品种法成本计算实训

任务 6.1 产品成本计算的品种法

第一部分 知识回顾

一、品种法概述

品种法是以产品品种作为成本计算对象来归集生产费用计算产品成本的一种方法。品种法的主要特点：一是成本计算对象是产品品种；二是成本计算期与会计报告期一致；三是月末一般要将生产费用在完工产品与在产品之间分配。品种法的成本计算程序等同于产品成本计算的一般程序。在一些规模较小，而且治理上又不要求按照生产步骤计算成本的大量、大批的多步骤生产中，月末一般都有在产品，需要在产品和产成品之间进行费用分配。

品种法适用范围：大量、大批的单步骤生产，以及治理上要求按照生产步骤计算产品成本的多步骤生产，也可以采用品种法计算产品成本。

二、流程图

品种法成本计算程序如图 6-1-1 所示。

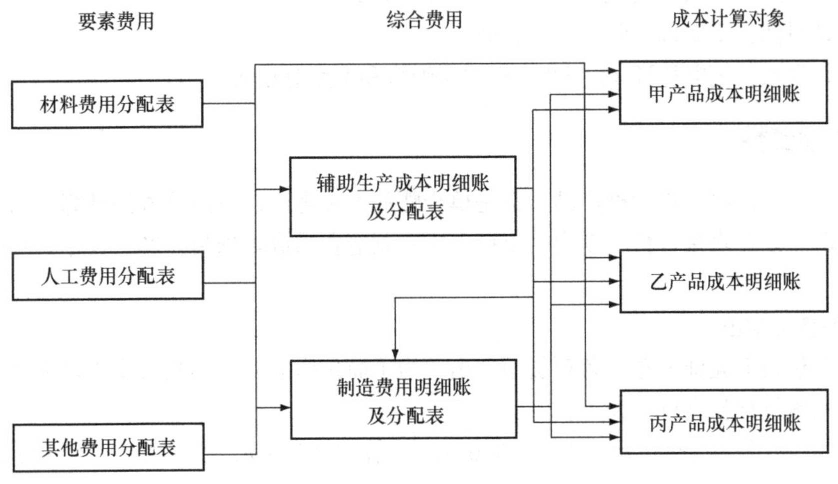

图 6-1-1 品种法成本计算流程图

第二部分 能力训练

一、实训目的

通过实训使学生熟悉品种法的核算程序，掌握产品成本核算的最基本方法——品种法。

二、实训要求

（1）设置甲、乙两种产品的产品成本计算单（表 6-1-1 和表 6-1-2）、基本生产车间的制造费用明细账（表 6-1-3）、辅助生产成本明细账（表 6-1-4 和表 6-1-5）及管理费用明细账（表 6-1-6）。

（2）编制“材料费用分配汇总表”（见表 6-1-7，共同耗用材料按直接耗用材料的比例进行分配）、“工资费用分配汇总表（表 6-1-8）”，填制记账凭证，登记有关账簿。

（3）填制计提折旧和大修理费用汇总表（表 6-1-9），待摊及预提费用明细账及分配表（表 6-1-10～表 6-1-13），并填制记账凭证，登记有关账簿。

（4）根据“辅助生产成本明细账”归集的费用，编制 “辅助生产费用分配表”，见表 6-1-14，填制记账凭证，登记有关账簿。

（5）根据“制造费用明细账”归集的费用，编制“工费分配表”（按生产工时分配）（表 6-1-15），填制记账凭证，登记有关账簿。

（6）根据“产品成本明细账”归集的生产费用，编制“产品成本计算单”，见表 6-1-16（采用约当产量法，原材料为一次投入，人工费用和制造费用的月末在产品完工程度均为 50%），及产品成本汇总表（表 6-1-17），填制记账凭证，登记有关账簿。

三、实训条件

（1）实训形式：本实训由成本核算员 1 人独立完成。

（2）实训时间：本实训大约需要 4 课时。

（3）实训用纸：记账凭证 11 张及多栏式明细账和费用分配表。

四、实训资料

某工业企业生产甲、乙两种产品，都是单步骤的大量生产，采用品种法计算产品成本，根据企业实际情况，设置直接材料、动力、直接人工和制造费用成本项目。20××年 9 月的生产费用资料如下。

1. 各种货币支出

根据 9 月份付款凭证汇总，各项货币支出（为了简化作业，各项货币支出均为全月汇总的金额，并假定用银行存款支付）如下。

基本车间：办公费 1 980 元，水费 1 370 元，运输费 4 260 元，厂外加工费 7 915 元，其他费用 1 260 元。

供电车间：燃料动力 31 210 元，办公费 280 元，其他费用 320 元。

机修车间：办公费 310 元，其他费用 50 元。

企业管理部门：办公费 5 890 元，水费 580 元，差旅费 3 950 元，产品三包损失 9 328 元，其他费用 9 070 元。另外，支付第三季度实际利息费用 10 800 元（该厂利息支出采用按月预提的办法）。

2. 工资费用

9 月份的工资费用如下。

基本车间：生产工人工资 56 950 元，管理人员工资 1 450 元。

供电车间：生产工人工资 540 元，管理人员工资 110 元。

机修车间：生产工人工资 2 090 元，管理人员工资 210 元。

企业管理部门：管理人员工资 5 750 元。

该厂规定，基本车间生产工人工资（均系计时工资）在甲、乙两种产品之间按产品的实用工时比例分配，实用工时为甲产品 60 000 小时，乙产品 40 000 小时。分配通过“工、费分配表”进行。

3．折旧费用和预提的大修理费用

8 月份折旧计算表提供的折旧额为，基本车间 6 000 元，供电车间 500 元，机修车间 800 元，企业管理部门 2 700 元。

根据 8 月份固定资产增减凭证汇总的固定资产增减金额（原价）为，基本车间增加固定资产 100 000 元，企业管理部门减少固定资产 20 000 元。其他单位固定资产无变动。该项固定资产月分类折旧率为 0.5%，该厂规定大修理费用按折旧额的 30%预提。

4．材料费用

根据 9 月材料领退凭证汇总的材料费用如下。

甲产品：原材料费用 7 600 元。

乙产品：原材料费用 38 500 元。

基本车间：机物料消耗 4 962 元，劳动保护费 3 830 元。

供电车间：机物料消耗 790 元，其他费用 200 元。

机修车间：机物料消耗 580 元，其他费用 120 元。

企业管理部门：小中修理费 2 320 元，仓库经费 2 120 元。

5．在产品和材料的盘存结果

据 9 月份在产品盘存表记载，由于管理不善，甲产品在产品盘亏和毁损 10 件。单件原材料费用定额为 50 元，盘亏和毁损在产品的定额工时共计 3 500 小时。单位工时的计划费用为，动力 0.31 元，工资 0.59 元，制造费用 0.48 元。盘亏和毁损的在产品按定额成本计价，其回收残料计价 100 元。经过批准，损失计入当月费用。

据材料盘存表记载，由于管理不善，某种材料盘亏 500 千克，每千克单价 6 元。经过批准，损失计入当月管理费用。

6．待摊费用和预提费用

该厂按季在季初预付材料仓库的租金 1 800 元，每月摊销 600 元。

该厂季初预计全季的利息支出 10 500 元，每月预提 3 500 元，9 月份实际支付全季利息支出 10 800 元（见前列第 1 项材料）。

7．辅助生产费用

该厂规定辅助生产费用按计划成本分配。辅助生产计划单位成本为，电每千瓦时 0.20 元，经常性机修每小时 0.80 元。辅助生产的成本差异全部计入管理费用。

供电车间供电 176 000 千瓦·时。机修车间耗用 15 500 千瓦·时，基本车间动力用 148 500 千瓦·时，照明用 4 500 千瓦·时，企业管理部门用 7 500 千瓦·时。

机修车间进行经常修理 9 200 小时。各单位耗用数量为，供电车间 300 小时，基本车间 8 010 小时，企业管理部门 890 小时。

基本车间耗用的动力费用，按照产品的生产工时比例在甲、乙两种产品之间进行分配。

8．制造费用

该厂规定制造费用也按产品的实用工时比例在甲、乙产品之间进行分配。

9．完工产品和月末在产品

该厂甲产品的消耗定额比较准确、稳定，但各月月末在产品数量变动较大，因而采用定额比例法分配计算完工产品费用和月末在产品费用。直接材料费用按定额原材料费用比例分配；其他各项费用均按定额工时比例分配。

甲产品 9 月初在产品的定额资料为，定额材料费用 4 500 元，定额工时 30 500 小时。其实际费用为，直接材料 5 000 元，动力 8 165 元，直接人工 17 695 元，制造费用 12 470 元，合计 43 330 元。

甲产品 9 月份投入的定额直接材料费用为 7 000 元，定额工时为 56 000 小时。甲产品 9 月份完工 180 件，单件材料费用定额为 50 元，单件工时定额 410 小时。该厂乙产品各月月末在产品的数量较大，但数量比较稳定，因而规定各月在产品费用均按年初数固定不变，到年末时再根据实际情况进行调整。其年初在产品费用为，直接材料 7 600 元，动力 2 200 元，直接人工 4 500 元，制造费用 3 290 元，合计 17 590 元。乙产品 9 月份完工 100 件。

表 6-1-1　　产品成本计算单

产品品种：甲　　20××年 9 月

月	日	摘要		直接材料	动力	直接人工	制造费用	合计
8	31	在产品费用	定额		—		—	—
			实际					
9	30	本月费用	定额		—		—	—
			实际					
9	30	在产品盘亏和毁损	定额		—		—	—
			实际					
9	30	生产费用净额	定额		—		—	—
			实际					
9	30	费用分配率						
9	30	完工产品成本（件）	定额		—		—	—
			实际					
9	30	在产品费用	定额		—		—	—
			实际					

注：“直接人工”栏“定额”行内，登记定额工时。

表 6-1-2　　　　　产品成本计算单

产品品种：乙　　　　　20××年 9 月

月	日	摘要		直接材料	动力	直接人工	制造费用	合计
8	31	在产品费用	定额		—		—	—
			实际					
9	30	本月费用	定额		—		—	—
			实际					
9	30	在产品盘亏和毁损	定额		—		—	—
			实际					
9	30	生产费用净额	定额		—		—	—
			实际					
9	30	费用分配率						
9	30	完工产品成本（件）	定额		—		—	—
			实际					
9	30	在产品费用	定额		—		—	—
			实际					

注：“直接人工”栏“定额”行内，登记定额工时。

表 6-1-3　　　　　制造费用明细账

车间名称：基本车间

月	日	摘要	工资	机物料消耗	办公费	水电费	折旧	修理费	劳动保护	运输费	外加工费	其他	合计	转出	余额

续表

月	日	摘要	工资	机物料消耗	办公费	水电费	折旧	修理费	劳动保护	运输费	外加工费	其他	合计	转出	余额

表 6-1-4　　辅助生产成本明细账

车间名称：供电车间

月	日	摘要	工资	材料消耗	燃料动力	办公费	水电费	折旧费	修理费	其他	合计	转出	余额

表 6-1-5　　　　辅助生产成本明细账

车间名称：机修车间

月	日	摘要	工资	材料消耗	燃料动力	办公费	水电费	折旧费	修理费	其他	合计	转出	余额

表 6-1-6　　　　管理费用明细账

月	日	摘要	工资	办公费	水电费	差旅费	折旧	修理费	仓库费	材料产品盘亏	三包损失	其他	合计	转出	余额

续表

月	日	摘要	工资	办公费	水电费	差旅费	折旧	修理费	仓库费	材料产品盘亏	三包损失	其他	合计	转出	余额

表 6–1–7

材料费用分配汇总表

20××年 9 月

应借科目		成本或费用项目	小　计
生产成本	甲产品		
	乙产品		
	小　计		
制造费用	基本车间		
生产成本	供电车间		
	机修车间		
	小　计		
管理费用			
	小　计		
合　计			

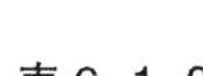

表 6-1-8

工资费用分配汇总表

20××年9月

应借科目	生产工人工资	管理人员工资	合　计
合　计			

表 6-1-9　固定资产折旧和大修理费用提取汇总表

20××年9月

车间和部门	上月折旧额	上月增加固定资产的折旧额	上月减少固定资产的折旧额	本月折旧额	本月大修理费用
合　计					

表 6-1-10　待摊费用明细账

费用种类：预付租金

月	日	摘　要	借方	贷方	余额	
					借或贷	金额
7	5	预付第三季度材料库的租金	1 800		借	1 800
7	31	摊　销		600	借	1 200
8	31	摊　销		600	借	600

表 6-1-11　预提费用明细账

月	日	摘　要	借方	贷方	余额	
					借或贷	金额
7	31	预提利息		3 500	贷	3 500
8	31	预　提		3 500	贷	7 000

表 6-1-12　待摊费用分配表

20××年9月

费用种类	应借科目		应贷金额
	总账科目	明细科目	

表 6-1-13

预提费用分配表

20××年 9 月

<table>
<tr><td rowspan="2">费用种类</td><td colspan="2">应借科目</td><td rowspan="2">应贷金额</td></tr>
<tr><td>总账科目</td><td>明细科目</td></tr>
<tr><td></td><td></td><td></td><td></td></tr>
<tr><td></td><td></td><td></td><td></td></tr>
</table>

表 6-1-14

辅助生产费用分配表

（按计划成本分配）

20××年 9 月

<table>
<tr><td colspan="4">辅助车间名称</td><td>供电车间</td><td>机修车间</td><td>合计</td></tr>
<tr><td colspan="4">待分配费用</td><td></td><td></td><td></td></tr>
<tr><td colspan="4">供应数量（千瓦时、小时）</td><td></td><td></td><td></td></tr>
<tr><td colspan="4">计划单位成本</td><td></td><td></td><td></td></tr>
<tr><td rowspan="5">辅助车间</td><td rowspan="5">一般耗用</td><td rowspan="2">供电车间</td><td>耗用数量</td><td></td><td></td><td></td></tr>
<tr><td>负担金额</td><td></td><td></td><td></td></tr>
<tr><td rowspan="2">机修车间</td><td>耗用数量</td><td></td><td></td><td></td></tr>
<tr><td>负担金额</td><td></td><td></td><td></td></tr>
<tr><td colspan="2">小计</td><td></td><td></td><td></td></tr>
<tr><td rowspan="4">基本车间</td><td colspan="2" rowspan="2">产品耗用</td><td>耗用数量</td><td></td><td></td><td></td></tr>
<tr><td>负担金额</td><td></td><td></td><td></td></tr>
<tr><td colspan="2" rowspan="2">一般耗用</td><td>耗用数量</td><td></td><td></td><td></td></tr>
<tr><td>负担金额</td><td></td><td></td><td></td></tr>
<tr><td colspan="3" rowspan="2">企业管理部门</td><td>耗用数量</td><td></td><td></td><td></td></tr>
<tr><td>负担金额</td><td></td><td></td><td></td></tr>
<tr><td colspan="4">按计划成本分配合计</td><td></td><td></td><td></td></tr>
<tr><td colspan="4">辅助生产实际成本</td><td></td><td></td><td></td></tr>
<tr><td colspan="4">辅助生产成本差异</td><td></td><td></td><td></td></tr>
</table>

实际成本：供电=

机修=

表 6-1-15

工费分配表

20××年9月

项　　目	实用工时	动　　力	生产工资	制造费用
分配率				
甲产品				
乙产品				
合计				

表 6-1-16

产品成本计算单

产品品种：乙

20××年9月

月	日	摘　　要	直接材料	动力	直接人工	制造费用	合计
8	31	在产品费用					
9	30	本月费用					
9	30	完工产品成本（件）					
9	30	在产品费用					

表 6-1-17

产品成本汇总表

20××年9月

成本项目	甲产品（件）		乙产品（件）		总成本合计
	总成本	单位成本	总成本	单位成本	
直接材料					
动　　力					
直接人工					
制造费用					
合　　计					

记账凭证

年　月　日　　　　第　号

摘要	总账科目	明细科目	借方金额									贷方金额								
			百	十	万	千	百	十	元	角	分	百	十	万	千	百	十	元	角	分
合计																				

附单据　张

财务主管：　　记账：　　审核：　　制单：

记账凭证

年　月　日　　　　第　号

摘要	总账科目	明细科目	借方金额									贷方金额								
			百	十	万	千	百	十	元	角	分	百	十	万	千	百	十	元	角	分
合计																				

单据　张

财务主管：　　记账：　　审核：　　制单：

记账凭证

年　月　日　　　　第　号

摘要	总账科目	明细科目	借方金额									贷方金额								
			百	十	万	千	百	十	元	角	分	百	十	万	千	百	十	元	角	分
合计																				

附单据　张

财务主管：　　记账：　　审核：　　制单：

记账凭证

年　月　日　　　　　　　　第　号

摘要	总账科目	明细科目	借方金额									贷方金额								
			百	十	万	千	百	十	元	角	分	百	十	万	千	百	十	元	角	分
合计																				

附单据　张

财务主管：　　记账：　　审核：　　制单：

记账凭证

年　月　日　　　　　　　　第　号

摘要	总账科目	明细科目	借方金额									贷方金额								
			百	十	万	千	百	十	元	角	分	百	十	万	千	百	十	元	角	分
合计																				

单据　张

财务主管：　　记账：　　审核：　　制单：

记账凭证

年　月　日　　　　　　　　第　号

摘要	总账科目	明细科目	借方金额									贷方金额								
			百	十	万	千	百	十	元	角	分	百	十	万	千	百	十	元	角	分
合计																				

附单据　张

财务主管：　　记账：　　审核：　　制单：

记账凭证

年　月　日　　　　　　　　第　　号

摘要	总账科目	明细科目	借方金额									贷方金额								
			百	十	万	千	百	十	元	角	分	百	十	万	千	百	十	元	角	分
合计																				

附单据　张

财务主管：　　记账：　　审核：　　制单：

记账凭证

年　月　日　　　　　　　　第　　号

摘要	总账科目	明细科目	借方金额									贷方金额								
			百	十	万	千	百	十	元	角	分	百	十	万	千	百	十	元	角	分
合计																				

附单据　张

财务主管：　　记账：　　审核：　　制单：

记账凭证

年　月　日　　　　　　　　第　　号

摘要	总账科目	明细科目	借方金额									贷方金额								
			百	十	万	千	百	十	元	角	分	百	十	万	千	百	十	元	角	分
合计																				

附单据　张

财务主管：　　记账：　　审核：　　制单：

记账凭证

年　月　日　　　　　　　　第　　号

摘要	总账科目	明细科目	借方金额									贷方金额								
			百	十	万	千	百	十	元	角	分	百	十	万	千	百	十	元	角	分
合计																				

附单据　张

财务主管：　　记账：　　审核：　　制单：

记账凭证

年　月　日　　　　　　　　第　　号

摘要	总账科目	明细科目	借方金额									贷方金额								
			百	十	万	千	百	十	元	角	分	百	十	万	千	百	十	元	角	分
合计																				

附单据　张

财务主管：　　记账：　　审核：　　制单：

记账凭证

年　月　日　　　　　　　　第　　号

摘要	总账科目	明细科目	借方金额									贷方金额								
			百	十	万	千	百	十	元	角	分	百	十	万	千	百	十	元	角	分
合计																				

附单据　张

财务主管：　　记账：　　审核：　　制单：

答题纸：

项目 7
分批法成本计算实训

任务 7.1　一般分批法

第一部分　知识回顾

一、分批法概述

分批法是以产品批别作为成本计算对象来归集生产费用计算产品成本的一种方法。实务中，由于一定量的批量生产往往是根据订单组织进行的，因而成本计算也就按订单作为对象归集，分批法因此也称为订单法。分批法的特点，一是以产品批次作为成本计算对象；二是成本计算期与生产周期一致，但与会计报告期不一致；三是在月末一般不需要计算在产品成本。

二、流程图

分批法成本计算程序如图 7-1-1 所示

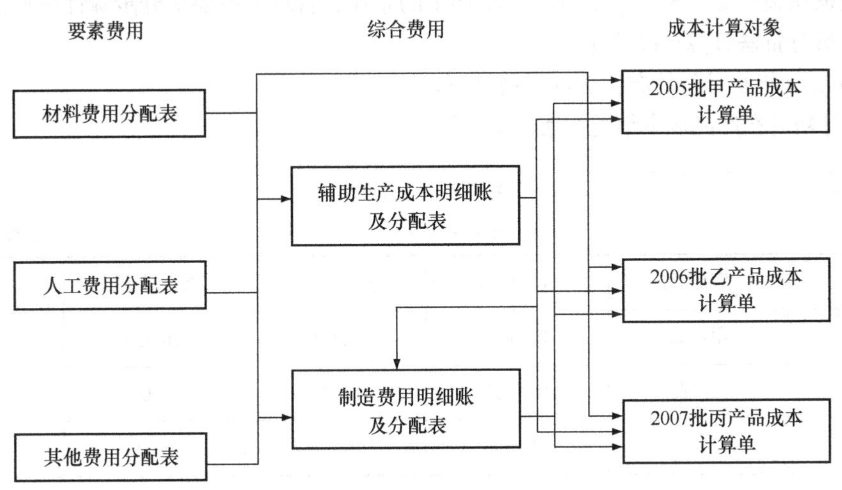

图 7-1-1　分批法成本计算流程图

第二部分　能力训练

一、实训目的

通过实训使学生掌握采用一般分批法进行成本核算的基本原理和一般程序。

二、实训要求

根据实训资料采用一般分批法计算产品成本。

（1）按产品批次开设产品成本计算单，见表 7-1-5，登记期初余额。

（2）填制领用材料的记账凭证，并登记有关账簿。

（3）采用生产工时比例分配法在各批次的产品间分配人工和制造费用，编制“人工费用汇总表”和“制造费用分配表”，见表 7-1-3 和表 7-1-4，填制记账凭证，登记有关账簿。

（4）计算 101 批次的完工产品成本和单位成本，填制记账凭证，登记有关账簿。

（5）按定额成本结转 103 批次的部分完工产品的成本，填制记账凭证，登记有关账簿。

三、实训条件

（1）实训形式：本实训由成本核算员 1 人独立完成。

（2）实训时间：本实训大约需要 2 课时。

（3）实训用纸：记账凭证 5 张及多栏式明细账和费用分配表、产品成本计算单（附表 7-1-3～表 7-1-5）。

四、实训资料

四通机械制造厂是一家从事小批量订单加工的企业，管理上不要求分步骤计算产品成本，所以采用了一般分批法计算产品成本。

企业 20× ×年 9 月份的有关成本资料如下。

（1）9 月初的在产品成本情况如表 7-1-1 所示。

表 7–1–1

月初在产品成本

20× ×年 9 月 1 日

金额单位：元

批号	产品名称	直接材料	直接人工	制造费用	合计
101	甲产品	80 000	12 000	10 000	102 000
102	乙产品	100 000	12 000	8 000	120 000
合计		180 000	24 000	18 000	222 000

（2）9 月份生产情况见表 7-1-2。

表 7–1–2

20× ×年 9 月

金额单位:元

批号	产品名称	投产日期	生产数量（件）	本月完工	生产工时（小时）
101	甲产品	20× ×年 8 月 8 日	50	50	8 000
102	乙产品	20× ×年 8 月 22 日	60	0	4 000
103	丙产品	20× ×年 9 月 3 日	100	10	4 000
合计					16 000

（3）本月生产费用及单位定额情况如下。

① 本月耗用原材料 400 000 元，均为 103 批次丙产品耗用。本月产品生产工人的人工费用为 57 000 元，制造费用总额为 48 000 元。

② 本月 103 批次丙产品的单位产品定额成本为 4 412 元，其中直接材料 3 000 元，直接人工 912 元，制造费用 500 元。

表 7–1–3　　人工费用分配表

年　月

金额单位：元

批号	产品名称	生产工时	分配率	分配金额
101	甲产品			
102	乙产品			
103	丙产品			
合计				

表 7–1–4　　制造费用分配表

年　月

金额单位：元

批号	产品名称	生产工时	分配率	分配金额
101	甲产品			
102	乙产品			
103	丙产品			
合计				

表 7–1–5　　产品成本计算单

产品名称：甲产品

产品批号：101　　投产日期：　年　月　日

完工日期：　年　月　日

20××年		摘　要	直接材料	直接人工	制造费用	发生额合计		余额
月	日					借方	贷方	
9	1	月初在产品成本						
	30	分配人工费用						
	30	分配制造费用						
	30	本月发生额合计						
	30	本月合计						
	30	转出完工产品成本						
	30	单位成本						

任务 7.2 简化分批法

第一部分　知识回顾

简化分批法：在小批或单件生产的企业，如在同一月份内投产的产品批数很多，为了简化各种间接费用在各批产品之间分配工作量，也可以采用简化分批法计算产品成本，即平时核算只是将每月发生的人工费用和制造费用等间接费用进行累加，直到有完工产品那个月份才按照完工产品累计生产工时比例，将累加起来的间接费用在各批完工产品与在产品之间进行分配。

第二部分　能力训练

一、实训目的

通过本实训使学生掌握生产批次较多的企业所采用的简化分批法的核算程序和主要特点。掌握简化的分批法，按累计分配率分配当月制造费用。

二、实训要求

（1）根据实训资料，按简化的分批法（即以间接费用累计分配率分配 9 月份完工批次的人工费和制造费，尚未完工的各批产品暂不分配）分别登记“生产成本——基本生产成本”二级账和成本计算单，见表 7-2-5～表 7-2-10。

（2）结出“生产成本——基本生产成本”二级账月末余额，并同各批成本计算单月余额核对。

三、实训条件

（1）实训形式：本实训由成本核算员 1 人独立完成。

（2）实训时间：本实训大约需要 2 个课时。

（3）实训用纸：记账凭证 3 张，多栏式明细账和产成品成本汇总表（见表 7-2-11）。

四、实训资料

某机械有限责任公司是一家生产批次多、批量小的加工型企业，为了简化成本核算工作，该公司采用了简化分批法核算产品成本。

（1）9 月初“生产成本——基本生产成本”二级账和各批成本计算单如表 7-2-1～表 7-2-4 所示。

表 7–2–1　　生产成本——基本生产成本二级账

月	日	摘要	直接材料	工时	直接人工费用	制造费用	成本合计
8	31	余额	646 000 元	39 000 小时	93 000 元	42 000 元	781 000 元

表 7-2-2　　A 产品成本计算单

产品名称：A　　批号：7008

批量：20 件　　开工日期：计划 7 月 10 日实际 7 月 10 日

订货单位：× × 公司　　完工日期：计划 9 月 20 日实际 9 月 21 日

月	日	摘要	直接材料	工时	直接人工费用	制造费用	成本合计
7	31	本月发生费用	180 000	8 000			
8	31	本月发生费用		10 000			

表 7-2-3　　B 产品成本计算单

产品名称：B　　批号：8004

批量：50 件　　开工日期：计划 8 月 5 日实际 8 月 5 日

订货单位：× × 商场　　完工日期：计划 10 月 5 日实际—

月	日	摘要	直接材料	工时	直接人工费用	制造费用	成本合计
8	31	本月发生费用	350 000	18 000			

表 7-2-4　　C 产品成本计算单

产品名称：C　　批号：8008

批量：40 件　　开工日期：计划 8 月 20 日实际 8 月 20 日

订货单位：× × 工厂　　完工日期：计划 10 月 20 日实际—

月	日	摘要	直接材料	工时	直接人工费用	制造费用	成本合计
8	31	本月发生费用	116 000	3 000			

（2）9 月份投入产出情况如下。

根据 9 月份订单投入生产的有两批：

9007 批号，D 产品 30 件，京海商场订货，计划和实际投料日期均为 9 月 2 日，计划 10 月 28 日完工。

9008 批号，E 产品 10 件，× × 贸易商行订货，计划和实际投料日期均为 9 月 15 日，计划 10 月 20 日完工。

连同月初三批在产品，本月共五批产品。只有 7008 批号本月已完工，其余均尚未完工。

（3）本月各批号发生的费用和工时如下。

9007 批号：材料费 268 500 元，工时 16 000 小时。

9008 批号：材料费 50 000 元，工时 9 000 小时。

7008 批号：工时 11 000 小时。

8004 批号：工时 10 500 小时。

8008 批号：工时 15 000 小时。

本月工时合计 61 500 小时。

生产工人工资及提取的福利费合计 175 250 元，制造费用合计 73 625 元。

表 7–2–5　　基本生产成本二级账

车间名称：基本生产车间　　金额单位：元

20××年		摘　要	直接材料	生产工时	直接人工	制造费用	合计
月	日						
9	1	月初在产品成本					
	30	本月发生数					
	30	累计发生数					
	30	累计间接费用分配率					
	30	转出完工产品成本					
	30	月末在产品成本					

表 7–2–6　　A 产品成本计算单　　7008 批号

月	日	摘　要	直接材料	工时	直接人工费用	制造费用	成本合计
7	31	本月发生费用					
8	31	本月发生费用					
9	30	本月发生费用					
		累计					
9	30	本月完工转出					

表 7–2–7　　B 产品成本计算单　　8004 批号

月	日	摘　要	直接材料	工时	直接人工费用	制造费用	成本合计
8	31	本月发生费用					
9	30	本月发生费用					
		累计					
9	30	余额					

表 7-2-8　　C 产品成本计算单　　8008 批号

月	日	摘　要	直接材料	工时	直接人工费用	制造费用	成本合计
8	31	本月发生费用					
9	30	本月发生费用					
		累计					
9	30	余额					

表 7-2-9　　D 产品成本计算单　　9007 批号

月	日	摘要	直接材料	工时	直接人工费用	制造费用	成本合计
9	30	本月发生费用					
9	30	余额					

表 7-2-10　　E 产品成本计算单　　9008 批号

月	日	摘要	直接材料	工时	直接人工费用	制造费用	成本合计
9	30	本月发生费用					
9	30	余额					

表 7-2-11　　产成品成本汇总表

年　月　　单位：元

产品名称	直接材料	燃料及动力	直接人工	制造费用	废品损失	合计
合计						

生产主管：　　审核：　　制表：

记账凭证

年　月　日　　　　　　第　号

摘要	总账科目	明细科目	借方金额									贷方金额								
			百	十	万	千	百	十	元	角	分	百	十	万	千	百	十	元	角	分
合计																				

附单据　张

财务主管：　　　记账：　　　审核：　　　制单：

记账凭证

年　月　日　　　　　　第　号

摘要	总账科目	明细科目	借方金额									贷方金额								
			百	十	万	千	百	十	元	角	分	百	十	万	千	百	十	元	角	分
合计																				

附单据　张

财务主管：　　　记账：　　　审核：　　　制单：

记账凭证

年　月　日　　　　　　第　号

摘要	总账科目	明细科目	借方金额									贷方金额								
			百	十	万	千	百	十	元	角	分	百	十	万	千	百	十	元	角	分
合计																				

附单据　张

财务主管：　　　记账：　　　审核：　　　制单：

答题纸：

项目 8 分步法成本计算实训

任务 8.1 分项逐步结转分步法

第一部分 知识回顾

一、分步法概述

分步法是以产品的各生产步骤和最后阶段的产成品为成本计算对象，归集生产费用计算产品成本的一种方法。它的基本特点：一是成本计算对象为各加工步骤的各种产品；二是成本计算期与会计报告期一致；三是月末要将生产费用在完工产品与在产品之间进行分配。分步法按照是否要在各步骤之间结转半成品成本，分为逐步结转分步法和平行结转分步法两种。

逐步结转分步法的计算特点是按各加工步骤的产品归集生产费用，并计算其半成品成本。然后随着半成品实物的转移，半成品成本也跟着转移，直到最后计算出完工产品成本。逐步结转分步法按照半成品成本在下一步骤成本明细账中反映方法的不同，又可分为综合结转法和分项结转法。这两种方法的区别在于下步骤耗用上步骤的半成品，其成本在下步骤产品成本明细账中是单设一个成本项目反映，还是分散在各有关成本项目中反映。综合结转法和分项结转法都既可以按实际成本结转，也可以按计划成本结转。

二、流程图

逐步结转分步法的成本计算程序（直接结转方式）如图 8-1-1 所示。

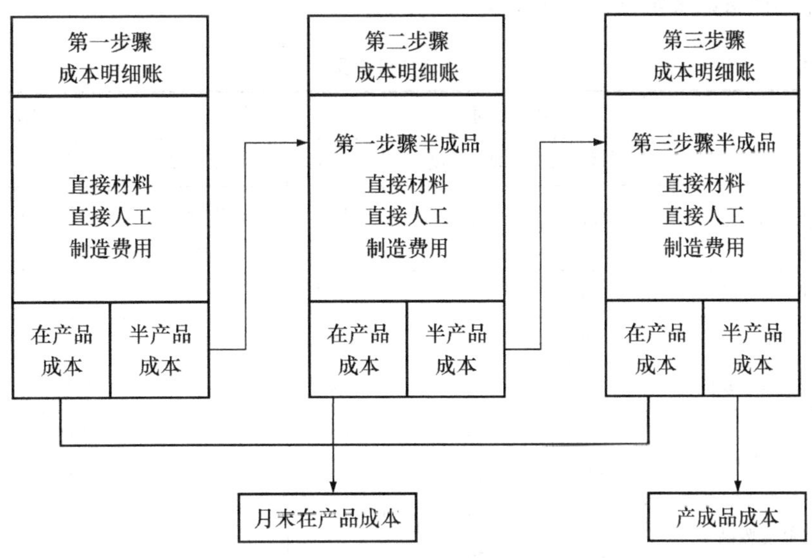

图 8-1-1 逐步结转分步法成本计算流程图

第二部分 能力训练

一、实训目的

掌握分项逐步结转分步成本计算法的核算程序。

二、实训要求

根据实训资料，采用分项逐步结转分步法计算完工产品成本（各车间在产品按加权平均法计算）。

三、实训条件

（1）实训形式：本实训由成本核算员 1 人独立完成。
（2）实训时间：本实训大约需要 2 课时。
（3）实训用纸：记账凭证 3 张和多栏式明细账、完工产品计算单，见表 8-1-4～表 8-1-7。

四、实训资料

某企业是连续加工式大量生产企业，设有三个基本生产车间。第一车间生产 A 半成品，交第二车间继续加工。第二车间生产 B 半成品，交第三车间加工制成甲产品。该企业产品成本计算用分项逐步结转分步法，设有直接材料、自制半成品、直接工资、制造费用、废品损失等成本项目。

该企业 20×× 年 5 月份有关成本资料如下。

（1）各车间产量记录如表 8-1-1 所示。

表 8-1-1 各车间产量记录

	第一车间		第二车间		第三车间	
	数量	加工程度	数量	加工程度	数量	加工程度
月初在产品	100	40%	150 100	60% 50%	50 100	60% 80%
本月投入或上车间转入	8 120		8 000		7 900	
小　计	8 220		8 250		8 050	
本月完工或转入下车间	8 000		7 900		7 830	
月末在产品	150 50	60% 40%	300	50%	100 100	40% 80%
本月不可修复废品	10 10	100% 50%	50	80%	10 10	100% 20%

第一车间的原材料在开始时投入，第三车间的原材料在该车间加工至 75%时投入，所有的加工费用都按加工程度计算。

（2）月初在产品成本如表 8-1-2 所示。

表 8-1-2　　月初在产品成本

	直接材料	自制半成品	直接工资	制造费用
第一车间	10 000	—	24 575	400
第二车间	—	47 250	552	1 242
第三车间	1000	37 550	8 622	1 540

（3）本月发生的费用如表 8-1-3 所示。

表 8-1-3　　本月发生的生产费用

	直接材料	直接工资	制造费用
第一车间：			
产品生产耗用	812 000	40 425	80 850
修复废品耗用	100	20	40
第二车间：			
产品生产耗用	—	310 808	71 568
第三车间：			
产品生产耗用	78 400	47 112	109 925
修复废品耗用	—	50	110

（4）不可修复废品残料已入库，估价 109.50 元，各车间的废品损失全部由本月完工甲产品负担。

表 8-1-4　　产品成本明细账

车间：一车间　　产品：A 半成品

项　目	直接材料	直接人工	制造费用	合　计
月初在产品成本				
本月生产费用				
合　计				
约当产量				
单位成本				
完工半成品成本转出				
废品成本转出				
月末在产品成本				

表 8-1-5　　　　产品成本明细账

车间：二车间　　　　　　　　　　　　　　　　　　　　　　　　产品：B 半成品

项　目	半成品	直接人工	制造费用	合　计
月初在产品成本				
本月生产费用				
合　计				
约当产量				
单位成本				
完工半成品成本转出				
废品成本转出				
月末在产品成本				

表 8-1-6　　　　产品成本明细账

车间：三车间　　　　　　　　　　　　　　　　　　　　　　　　产品：甲产成品

项　目	直接材料	自制半成品	直接人工	制造费用	合　计
月初在产品成本					
本月生产费用					
合　计					
约当产量					
单位成本					
完工产品成本					
废品成本转出					
月末在产品成本					

表 8-1-7　　　　甲产品成本计算表

	直接材料	半成品	直接人工	制造费和	废品损失	合计
总成本（7 830 件）						
单位成本						

记账凭证

年　月　日　　　　　　　　第　　号

摘要	总账科目	明细科目	借方金额									贷方金额								
			百	十	万	千	百	十	元	角	分	百	十	万	千	百	十	元	角	分
合计																				

附单据　张

财务主管：　　记账：　　审核：　　制单：

记账凭证

年　月　日　　　　　　　　第　　号

摘要	总账科目	明细科目	借方金额									贷方金额								
			百	十	万	千	百	十	元	角	分	百	十	万	千	百	十	元	角	分
合计																				

附单据　张

财务主管：　　记账：　　审核：　　制单：

记账凭证

年　月　日　　　　　　　　第　　号

摘要	总账科目	明细科目	借方金额									贷方金额								
			百	十	万	千	百	十	元	角	分	百	十	万	千	百	十	元	角	分
合计																				

附单据　张

财务主管：　　记账：　　审核：　　制单：

任务 8.2 综合逐步结转分步法

第一部分 知识回顾

逐步综合结转法下，由于各步骤所耗上一步骤产品成本是以“半成品”或“原材料”项目综合反映的，因而最后一个步骤产成品成本不能反映原始的成本项目数额。这就不利于从整个企业的角度来分析产品成本的构成和水平。因此，管理上如果要求从整个企业角度分析和考核成本项目构成，就要将逐步综合结转计算出的产成品成本进行还原，使其成为按原始成本项目反映的成本。

第二部分 能力训练

一、实训目的

通过本实训使学生掌握多步骤生产的大中型企业所采用的综合逐步结转分步法的核算程序。

二、实训要求

（1）根据实训资料采用综合逐步结转分步法计算 M 完工产品及 A 半成品、B 半成品的成本（采用约当产量法分配完工产品和在产品成本），完成表 8-2-7～表 8-2-9。

（2）编制结转 A 半成品、B 半成品和 M 完工产品成本的记账凭证，登记有关明细账，见表 8-2-4～表 8-2-6。

（3）根据各产品成本明细账的资料，编制成本还原计算表，见表 8-2-10，进行成本还原。

三、实训条件

（1）实训形式：本实训由成本核算员 1 人独立完成。

（2）实训时间：本实训大约需要 4 课时。

（3）实训用纸：记账凭证 3 张和多栏式明细账、完工产品与在产品成本计算单和成本还原计算表。

四、实训资料

某冶金厂 M 产品的生产分为三个加工步骤，分别由第一、第二、第三生产车间完成。第一车间生产 A 半成品，完工后全部直接交第二车间继续加工；第二车间生产 B 半成品，完工后全部直接交第三车间继续加工；第三车间的完工产品即为 M 产成品。

M 产品的原材料在第一车间生产开始时一次投入；各车间月末在产品的完工程度均为 50%。

（1）9 月份产量资料见表 8-2-1。

表 8-2-1　　产量资料

20××年 9 月　　单位：件

项　　目	第一车间	第二车间	第三车间
月初在产品	200	200	1 000
本月投产或上步骤转入	2 000	1 800	1 500
本月完工	1 800	1 500	1 500
月末在产品	400	500	1 000

（2）9 月初在产品成本资料见表 8-2-2。

表 8-2-2　　月初在产品成本

20××年 9 月 1 日　　金额单位：元

成本项目	第一车间	第二车间	第三车间
直接材料	244 000	400 400	650 000
直接人工	62 000	68 000	60 000
制造费用	80 000	118 000	98 000
合计	386 000	586 400	808 000

（3）9 月份发生的生产费用见表 8-2-3。

表 8-2-3　　生产费用耗费

20××年 9 月　　金额单位：元

成本项目	第一车间	第二车间	第三车间
直接材料	1 732 000		
直接人工	172 000	208 000	90 000
制造费用	208 000	154 000	125 000
合　　计	2 112 000	362 000	215 000

表 8-2-4　　生产成本明细

车间名称：第一车间　　完工产量：　件

产品名称：A 半成品　　在产品数量：　件

20××年		摘　　要	直接材料	直接人工	制造费用	合　　计
月	日					
9	1	月初在产品成本				
	30	本月本步骤发生费用				
	30	生产费用合计				
	30	转出完工产品成本				
	30	月末在产品成本				

表 8-2-5　　生产成本明细账

车间名称：第二车间　　完工产量：　件

产品名称：B 半成品　　在产品数量：　件

20××年		摘　　要	直接材料	直接人工	制造费用	合　　计
月	日					
9	1	月初在产品成本				
	30	本月本步骤发生费用				
	30	生产费用合计				
	30	转出完工产品成本				
	30	月末在产品成本				

表 8-2-6　　生产成本明细账

车间名称：第三车间　　完工产量：　件

产品名称：M 产成品　　在产品数量：　件

20××年		摘　　要	直接材料	直接人工	制造费用	合　　计
月	日					
9	1	月初在产品成本				
	30	本月本步骤发生费用				
	30	生产费用合计				
	30	转出完工产品成本				
	30	月末在产品成本				

表 8-2-7　　完工产品与在产品成本计算单　　20××年 9 月

产品名称：A 半成品　　金额单位：元

<table>
<tr><th colspan="3">成本项目</th><th>直接材料</th><th>直接人工</th><th>制造费用</th><th>合计</th></tr>
<tr><td colspan="3">生产费用合计</td><td></td><td></td><td></td><td></td></tr>
<tr><td rowspan="5">产品数量</td><td colspan="2">完工产品数量</td><td></td><td></td><td></td><td></td></tr>
<tr><td rowspan="3">在产品</td><td>在产品数量</td><td></td><td></td><td></td><td></td></tr>
<tr><td>完工程度</td><td></td><td></td><td></td><td></td></tr>
<tr><td>约当产量</td><td></td><td></td><td></td><td></td></tr>
<tr><td colspan="2">约当总产量</td><td></td><td></td><td></td><td></td></tr>
<tr><td colspan="3">单位成本</td><td></td><td></td><td></td><td></td></tr>
<tr><td colspan="3">完工产品成本</td><td></td><td></td><td></td><td></td></tr>
<tr><td colspan="3">月末在产品成本</td><td></td><td></td><td></td><td></td></tr>
</table>

表 8-2-8　　完工产品与在产品成本计算单　　20××年 9 月

产品名称：B 半成品　　金额单位：元

<table>
<tr><th colspan="3">成本项目</th><th>直接材料</th><th>直接人工</th><th>制造费用</th><th>合计</th></tr>
<tr><td colspan="3">生产费用合计</td><td></td><td></td><td></td><td></td></tr>
<tr><td rowspan="5">产品数量</td><td colspan="2">完工产品数量</td><td></td><td></td><td></td><td></td></tr>
<tr><td rowspan="3">在产品</td><td>在产品数量</td><td></td><td></td><td></td><td></td></tr>
<tr><td>完工程度</td><td></td><td></td><td></td><td></td></tr>
<tr><td>约当产量</td><td></td><td></td><td></td><td></td></tr>
<tr><td colspan="2">约当总产量</td><td></td><td></td><td></td><td></td></tr>
<tr><td colspan="3">单位成本</td><td></td><td></td><td></td><td></td></tr>
<tr><td colspan="3">完工产品成本</td><td></td><td></td><td></td><td></td></tr>
<tr><td colspan="3">月末在产品成本</td><td></td><td></td><td></td><td></td></tr>
</table>

表 8-2-9　　完工产品与在产品成本计算单　　20××年 9 月

产品名称：M 产成品　　金额单位：元

<table>
<tr><th colspan="3">成本项目</th><th>直接材料</th><th>直接人工</th><th>制造费用</th><th>合计</th></tr>
<tr><td colspan="3">生产费用合计</td><td></td><td></td><td></td><td></td></tr>
<tr><td rowspan="5">产品数量</td><td colspan="2">完工产品数量</td><td></td><td></td><td></td><td></td></tr>
<tr><td rowspan="3">在产品</td><td>在产品数量</td><td></td><td></td><td></td><td></td></tr>
<tr><td>完工程度</td><td></td><td></td><td></td><td></td></tr>
<tr><td>约当产量</td><td></td><td></td><td></td><td></td></tr>
<tr><td colspan="2">约当总产量</td><td></td><td></td><td></td><td></td></tr>
<tr><td colspan="3">单位成本</td><td></td><td></td><td></td><td></td></tr>
<tr><td colspan="3">完工产品成本</td><td></td><td></td><td></td><td></td></tr>
<tr><td colspan="3">月末在产品成本</td><td></td><td></td><td></td><td></td></tr>
</table>

表 8-2-10　　成本还原计算表　　20××年 9 月

产品名称：M 产成品　　金额单位：元

成本项目	还原前总成本	第二步骤半成品成本	还原额及还原率	第一步骤半成品成本	还原额及还原率	还原后总成本
栏目	1	2	3	4	5	6
还原分配率						
直接材料（半成品）						
直接人工						
制造费用						
合　计						

记 账 凭 证

年　月　日　　第　号

摘要	总账科目	明细科目	借方金额									贷方金额								
			百	十	万	千	百	十	元	角	分	百	十	万	千	百	十	元	角	分
合计																				

附单据　张

财务主管：　记账：　审核：　制单：

记 账 凭 证

年　月　日　　第　号

摘要	总账科目	明细科目	借方金额									贷方金额								
			百	十	万	千	百	十	元	角	分	百	十	万	千	百	十	元	角	分
合计																				

附单据　张

财务主管：　记账：　审核：　制单：

记 账 凭 证

年　月　日　　　　　　　　第　　号

<table>
<tr><td rowspan="2">摘要</td><td rowspan="2">总账
科目</td><td rowspan="2">明细
科目</td><td colspan="9">借方金额</td><td colspan="9">贷方金额</td><td rowspan="8">附
单
据

张</td></tr>
<tr><td>百</td><td>十</td><td>万</td><td>千</td><td>百</td><td>十</td><td>元</td><td>角</td><td>分</td><td>百</td><td>十</td><td>万</td><td>千</td><td>百</td><td>十</td><td>元</td><td>角</td><td>分</td></tr>
<tr><td></td><td></td><td></td><td></td><td></td><td></td><td></td><td></td><td></td><td></td><td></td><td></td><td></td><td></td><td></td><td></td><td></td><td></td><td></td><td></td><td></td></tr>
<tr><td></td><td></td><td></td><td></td><td></td><td></td><td></td><td></td><td></td><td></td><td></td><td></td><td></td><td></td><td></td><td></td><td></td><td></td><td></td><td></td><td></td></tr>
<tr><td></td><td></td><td></td><td></td><td></td><td></td><td></td><td></td><td></td><td></td><td></td><td></td><td></td><td></td><td></td><td></td><td></td><td></td><td></td><td></td><td></td></tr>
<tr><td></td><td></td><td></td><td></td><td></td><td></td><td></td><td></td><td></td><td></td><td></td><td></td><td></td><td></td><td></td><td></td><td></td><td></td><td></td><td></td><td></td></tr>
<tr><td></td><td></td><td></td><td></td><td></td><td></td><td></td><td></td><td></td><td></td><td></td><td></td><td></td><td></td><td></td><td></td><td></td><td></td><td></td><td></td><td></td></tr>
<tr><td></td><td></td><td></td><td></td><td></td><td></td><td></td><td></td><td></td><td></td><td></td><td></td><td></td><td></td><td></td><td></td><td></td><td></td><td></td><td></td><td></td></tr>
<tr><td>合计</td><td></td><td></td><td></td><td></td><td></td><td></td><td></td><td></td><td></td><td></td><td></td><td></td><td></td><td></td><td></td><td></td><td></td><td></td><td></td><td></td></tr>
</table>

财务主管：　　　　　　记账：　　　　　　审核：　　　　　　制单：

答题纸：

任务 8.3 平行结转分步法

第一部分 知识回顾

一、平行结转分步法概述

平行结转分步法的计算特点是在计算各步骤成本时，不计算各步骤所产半成品成本，也不计算各步骤所耗上一步骤的半成品成本，而只计算本步骤所发生的各项费用以及这些费用中应计入产成品成本的“份额”，从而计算出完工产成品的成本。由于这种方法只计算本步骤生产费用计入产成品成本的份额，而不计算各步骤半成品的成本，因而与逐步结转法比较，不仅简化了成本计算工作，而且能直接反映产成品的原始成本构成。但也正因为不计算各步骤半成品成本，因而就不能反映各步骤产品成本情况，不利于在产品资金管理，也不利于各步骤成本耗费水平的分析和考核工作。

二、流程图

平行结转分步法成本计算程序如图 8-3-1 所示。

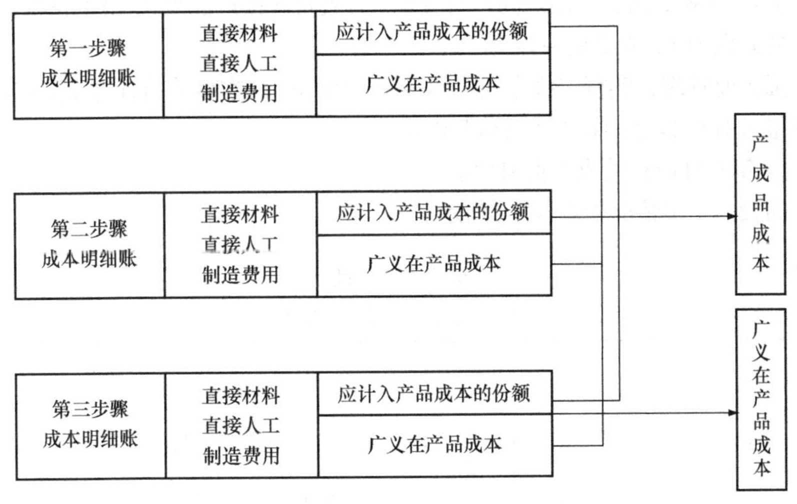

图 8-3-1 平行结转分步法成本计算流程图

第二部分 能力训练

一、实训目的

通过本实训使学生掌握不需要计算半成品成本的多步骤生产的企业所采用的平行结转分步法的核算程序。

二、实训要求

按平行结转法计算 W 大类产品的总成本，并计算出 W-1、W-2 产品的总成本和单位产品成本，完成表 8-3-6 及表 8-3-7。

三、实训条件

（1）实训形式：本实训由成本核算员 1 人独立完成。
（2）实训时间：本实训大约需要 4 课时。
（3）实训用纸：记账凭证 3 张和多栏式明细账，见表 8-3-3 ~ 表 8-3-5。

四、实训资料

红星工厂设有三个基本生产车间，从事生产 W-1 和 W-2 两种产品。原材料是一次投料逐步加工。第一车间生产甲半成品移转到第二车间继续加工。第二车间将甲半成品加工成乙半成品移转到第三车间继续加工。第三车间将乙半成品加工成为 W-1 和 W-2 两种产品。由于这两种产品耗用的直接材料、发生的生产耗费和生产过程都基本相同，因此，在成本计算时合并为一类，以 W 为一大类产品，作为成本计算对象，采用平行结转分步法进行成本计算工作。W 大类产品成本计算出之后，再在 W-1 和 W-2 两种产品之间进行分配。直接材料按产品重量比例分摊，加工费用按系数分摊。W-1 的系数为 1，W-2 的系数为 2。

该厂为加强企业管理，实行二级车间成本核算，由车间成本核算员计算车间成本，对车间进行考核，而后报送财务部门汇编产品成本汇总表。

该厂 20××年 9 月份有关成本资料如下。

（1）各车间投入产出情况如表 8-3-1 所示。

表 8-3-1

车间生产记录

产品大类：W，单位：千克

项　目	一车间		二车间		三车间	
	数量	在产品完工程度	数量	在产品完工程度	数量	在产品完工程度
月初在产品	15	60%	26	50%	10	60%
本月投入或上车间转入	380		390		410	
本月完工或转入下车间	390		410		400	
月末在产品	5	40%	6	50%	20	50%

本月完工的 400 千克产成品中，300 千克为 W-1 产品，100 千克为 W-2 产品。

（2）月初在产品成本和本月发生的生产耗费如表 8-3-2 所示。

表 8-3-2　　月初在产品成本和本月生产费用

项　目		直接材料	工　资	提取的福利费	制造费用	合　计
月初在产品成本	一车间	918.00	270.00	27.70	180.30	1 398.00
	二车间		299.00	32.89	103.11	435.00
	三车间		52.00	5.72	24.28	82.00
本月发生的费用	一车间	7 702.00	2 298.00	252.78	1 677.22	11 930.00
	二车间		4 777.00	525.47	1 876.53	7 179.00
	三车间		4 048.00	445.28	1 984.72	6 478.00

表 8-3-3　　产品成本明细账

车间：一车间　　产量：

项　目	直接材料	工资	提取福利费	制造费用	合计
月初在产品成本					
本月发生费用					
合　计					
约当产量					
单位成本					
应计入产成品成本的“份额”					
月末在产品成本					

表 8-3-4　　产品成本明细账

车间：二车间　　产量：

项　目	直接材料	工资	提取福利费	制造费用	合　计
月初在产品成本					
本月发生费用					
合　计					
约当产量					
单位成本					
应计入产成品成本的“份额”					
月末在产品成本					

表 8–3–5　产品成本明细账

车间：三车间　　产量：

项　目	直接材料	工资	提取福利费	制造费用	合　计
月初在产品成本					
本月发生费用					
合　计					
约当产量					
单位成本					
应计入产成品成本的“份额”					
月末在产品成本					

表 8–3–6　产品成本汇总表

项　目	直接材料	工资	提取福利费	制造费用	合　计
一车间					
二车间					
三车间					
总成本					

表 8–3–7　类内产品成本计算表

项目	重量	直接材料	加工费系数	加工费总系数	工资	提取福利费	制造费用	合计	单位成本
总成本	—		—	—					—
分配率	—		—	—				—	
W-1									
W-2									
合计									

记账凭证

年　月　日　　　　　　　　第　　号

摘要	总账科目	明细科目	借方金额									贷方金额								
			百	十	万	千	百	十	元	角	分	百	十	万	千	百	十	元	角	分
合计																				

附单据　张

财务主管：　　　　记账：　　　　审核：　　　　制单：

记账凭证

年　月　日　　　　　　　　第　　号

摘要	总账科目	明细科目	借方金额									贷方金额								
			百	十	万	千	百	十	元	角	分	百	十	万	千	百	十	元	角	分
合计																				

附单据　张

财务主管：　　　　记账：　　　　审核：　　　　制单：

记账凭证

年　月　日　　　　　　　　第　　号

摘要	总账科目	明细科目	借方金额									贷方金额								
			百	十	万	千	百	十	元	角	分	百	十	万	千	百	十	元	角	分
合计																				

附单据　张

财务主管：　　　　记账：　　　　审核：　　　　制单：

答题纸：

项目 9

定额法实训

任务 9.1 定额法核算

第一部分 知识回顾

一、定额法概述

定额法是在产品成本计算过程中，将各项生产费用按照定额进行归集和分配，同时反映各项费用定额与实际的差异以计算出产品的定额成本和实际成本的成本计算方法。成本计算采用定额法时，产品实际成本在产品定额成本基础上加减生产费用脱离定额的差异计算得出。

定额变动差异，是指由于修订消耗定额而产生的新旧定额之间的差额。新定额一般在月初开始实行，当月投入的产品费用，都应按新定额来计算脱离定额差异。但在定额运用后，月初在产品的定额成本并未修订，仍然是按旧定额计算的。为了使按旧定额计算的月初在产品定额成本和按新定额计算的本月投入产品的定额，在新定额的同一基础上相加起来，以便计算产品的实际成本，必须计算月初在产品定额成本的运用差异，用以调整月初在产品按旧定额计算的定额成本为按新定额计算的定额成本。

二、流程图

采用定额法进行成本核算的流程如图 9-1-1 所示。

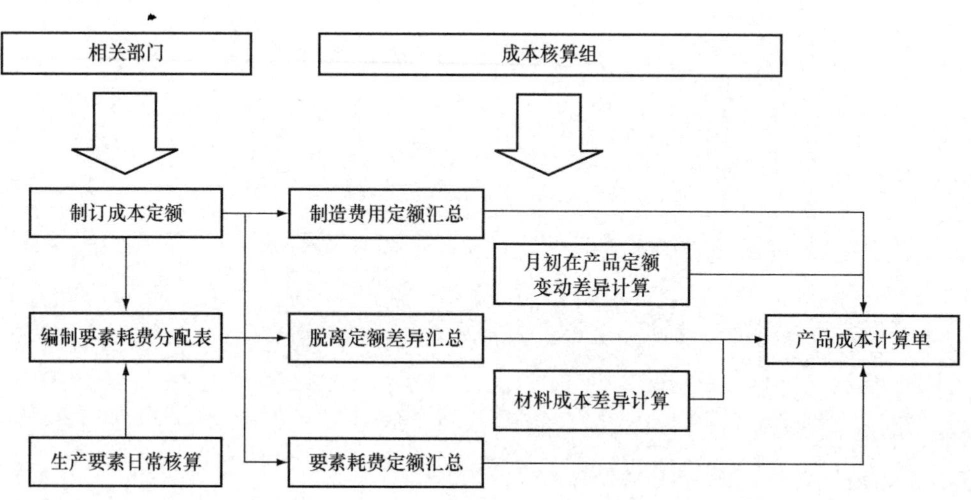

图 9-1-1 定额法成本核算流程图

第二部分 能力训练

一、实训目的

通过本实训使学生掌握企业采用定额法核算产品成本时，定额成本、脱离定额差异和定额变动差异的计算及其分配，掌握定额法核算的一般程序。

二、实训要求

（1）计算月初定额变动和月中定额变动。
（2）计算脱离定额差异并进行分配。
（3）计算材料成本差异并分配。
（4）列出产成品和在产品实际成本，完成表 9-1-1。

三、实训条件

（1）实训形式：本实训由成本核算员 1 人独立完成。
（2）实训时间：本实训大约需要 1 课时。
（3）实训用纸：记账凭证 3 张。

四、实训资料

某厂采用定额法计算产品实际成本，以产品品种为成本计算对象。甲产品的原材料单位消耗定额变动情况是，3 月 31 日 26 千克，4 月 1 日降为 25 千克，4 月 21 日再降为 23.5 千克。每千克材料计划成本 2 元。3 月 31 日甲在产品 30 件，原材料定额成本 1 560 元，定额差异节约 130 元。材料成本差异超支 34.45 元。4 月 1 日至 20 日投产 100 件，实际耗用原材料 2 490 千克。4 月 21 日至 30 日又投产 70 件，实际耗用原材料 1 670 千克，4 月份原材料的材料成本差异率为节约 1%。本月完工 120 件。原材料在生产开始时一次投入。定额变动的分配采用先进先出法。

表 9–1–1　　成本计算单

	定额成本	定额差异	材料成本差异	定额变动	实际总成本	单位成本
产成品成本						
在产品成本						

记账凭证

年　月　日　　　　　　　　第　　号

摘要	总账科目	明细科目	借方金额									贷方金额								
			百	十	万	千	百	十	元	角	分	百	十	万	千	百	十	元	角	分
合计																				

附单据　张

财务主管：　　　　记账：　　　　审核：　　　　制单：

记账凭证

年　月　日　　　　　　　　第　　号

摘要	总账科目	明细科目	借方金额									贷方金额								
			百	十	万	千	百	十	元	角	分	百	十	万	千	百	十	元	角	分
合计																				

附单据　张

财务主管：　　　　记账：　　　　审核：　　　　制单：

记账凭证

年　月　日　　　　　　　　第　　号

摘要	总账科目	明细科目	借方金额									贷方金额								
			百	十	万	千	百	十	元	角	分	百	十	万	千	百	十	元	角	分
合计																				

附单据　张

财务主管：　　　　记账：　　　　审核：　　　　制单：

答题纸：

任务 9.2 定额法计算

第一部分 知识回顾

一、定额法概述

定额法概述是以产品的定额成本为基础，加、减脱离定额差异和定额变动差异计算产品实际成本的一种方法。这种方法是为了加强成本管理，进行成本控制而采用的一种成本计算与成本管理相结合的方法。定额法与生产类型没有直接联系。

二、计算公式

采用定额法计算产品成本，其核算成本的基本原理是：产品的实际成本是由定额成本、脱离定额差异和定额变动差异三个因素组成。

计算产品实际成本的基本公式为：

产品实际成本=产品定额成本 ± 脱离定额差异 ± 定额变动差异

第二部分 能力训练

一、实训目的

通过本实训使学生掌握企业采用定额法核算月末在产品原材料定额费用、原材料脱离定额差异率、本月完工产品原材料实际费用与月末在产品原材料实际费用的程序。

二、实训要求

（1）计算月末在产品的原材料定额费用。

（2）计算完工产品和月末在产品的原材料实际费用（脱离定额差异按定额费用比例在完工产品和月末在产品之间分配）。写出下列各项目的数额。

① 月末在产品原材料定额费用；

② 原材料脱离定额差异率；

③ 本月应负担的原料成本差异；

④ 本月完工产品原材料实际费用；

⑤ 月末在产品原材料实际费用。

三、实训条件

（1）实训形式：本实训由成本核算员 1 人独立完成。

（2）实训时间：本实训大约需要 2 课时。

（3）实训用纸：定额成本及脱离定额差异计算表、月初在产品定额变动差异计算表、成本计算单，见表 9-2-1 及表 9-2-2。

四、实训资料

甲产品采用定额法计算成本。本月有关甲产品原材料费用的资料如下。

（1）月初在产品定额费用为 1 000 元，月初在产品脱离定额的差异为节约 50 元，月初在产品定额费用调整为降低 20 元。定额变动差异全部由完工产品负担。

（2）本月定额费用为 24 000 元，本月脱离定额的差异为节约 500 元。本月原材料成本差异率为节约 2%，材料成本差异全部由完工产品成本负担。

（3）本月完工产品的定额费用为 22 000 元。

表 9-2-1　　甲产品定额成本及脱离定额差异计算表

年　　月　　金额单位：元

成本项目	月初在产品				本月发生费用		
	数量	单位定额	定额成本	脱离定额差异	定额成本	实际成本	脱离定额差异
直接材料							
直接人工							
制造费用							
合计							

表 9-2-2　　月初在产品定额变动差异计算表

年　　月　　金额单位：元

成本项目	单位在产品定额		定额成本（100 件）		定额变动差异
	变动前	变动后	变动前	变动后	
直接材料					
直接人工					
制造费用					
合计					

记 账 凭 证

年　月　日　　第　　号

摘要	总账科目	明细科目	借方金额									贷方金额								
			百	十	万	千	百	十	元	角	分	百	十	万	千	百	十	元	角	分
合计																				

附单据　　张

财务主管：　　记账：　　审核：　　制单：

记 账 凭 证

年　月　日　　　　　　　　　第　　号

<table>
<tr><td rowspan="2">摘要</td><td rowspan="2">总账
科目</td><td rowspan="2">明细
科目</td><td colspan="9">借方金额</td><td colspan="9">贷方金额</td><td rowspan="8">附
单
据

张</td></tr>
<tr><td>百</td><td>十</td><td>万</td><td>千</td><td>百</td><td>十</td><td>元</td><td>角</td><td>分</td><td>百</td><td>十</td><td>万</td><td>千</td><td>百</td><td>十</td><td>元</td><td>角</td><td>分</td></tr>
<tr><td></td><td></td><td></td><td></td><td></td><td></td><td></td><td></td><td></td><td></td><td></td><td></td><td></td><td></td><td></td><td></td><td></td><td></td><td></td><td></td><td></td></tr>
<tr><td></td><td></td><td></td><td></td><td></td><td></td><td></td><td></td><td></td><td></td><td></td><td></td><td></td><td></td><td></td><td></td><td></td><td></td><td></td><td></td><td></td></tr>
<tr><td></td><td></td><td></td><td></td><td></td><td></td><td></td><td></td><td></td><td></td><td></td><td></td><td></td><td></td><td></td><td></td><td></td><td></td><td></td><td></td><td></td></tr>
<tr><td></td><td></td><td></td><td></td><td></td><td></td><td></td><td></td><td></td><td></td><td></td><td></td><td></td><td></td><td></td><td></td><td></td><td></td><td></td><td></td><td></td></tr>
<tr><td></td><td></td><td></td><td></td><td></td><td></td><td></td><td></td><td></td><td></td><td></td><td></td><td></td><td></td><td></td><td></td><td></td><td></td><td></td><td></td><td></td></tr>
<tr><td>合计</td><td></td><td></td><td></td><td></td><td></td><td></td><td></td><td></td><td></td><td></td><td></td><td></td><td></td><td></td><td></td><td></td><td></td><td></td><td></td><td></td></tr>
</table>

财务主管：　　　　　记账：　　　　　审核：　　　　　制单：

记 账 凭 证

年　月　日　　　　　　　　　第　　号

<table>
<tr><td rowspan="2">摘要</td><td rowspan="2">总账
科目</td><td rowspan="2">明细
科目</td><td colspan="9">借方金额</td><td colspan="9">贷方金额</td><td rowspan="8">附
单
据

张</td></tr>
<tr><td>百</td><td>十</td><td>万</td><td>千</td><td>百</td><td>十</td><td>元</td><td>角</td><td>分</td><td>百</td><td>十</td><td>万</td><td>千</td><td>百</td><td>十</td><td>元</td><td>角</td><td>分</td></tr>
<tr><td></td><td></td><td></td><td></td><td></td><td></td><td></td><td></td><td></td><td></td><td></td><td></td><td></td><td></td><td></td><td></td><td></td><td></td><td></td><td></td><td></td></tr>
<tr><td></td><td></td><td></td><td></td><td></td><td></td><td></td><td></td><td></td><td></td><td></td><td></td><td></td><td></td><td></td><td></td><td></td><td></td><td></td><td></td><td></td></tr>
<tr><td></td><td></td><td></td><td></td><td></td><td></td><td></td><td></td><td></td><td></td><td></td><td></td><td></td><td></td><td></td><td></td><td></td><td></td><td></td><td></td><td></td></tr>
<tr><td></td><td></td><td></td><td></td><td></td><td></td><td></td><td></td><td></td><td></td><td></td><td></td><td></td><td></td><td></td><td></td><td></td><td></td><td></td><td></td><td></td></tr>
<tr><td></td><td></td><td></td><td></td><td></td><td></td><td></td><td></td><td></td><td></td><td></td><td></td><td></td><td></td><td></td><td></td><td></td><td></td><td></td><td></td><td></td></tr>
<tr><td>合计</td><td></td><td></td><td></td><td></td><td></td><td></td><td></td><td></td><td></td><td></td><td></td><td></td><td></td><td></td><td></td><td></td><td></td><td></td><td></td><td></td></tr>
</table>

财务主管：　　　　　记账：　　　　　审核：　　　　　制单：

答题纸：

项目 10

成本报表编制实训

任务 10.1 成本报表的编制

第一部分 知识回顾

一、成本报表概述

成本报表是通过表格的形式对企业发生的成本费用进行归纳和总结，为企业的内部管理提供所需的会计信息。通过成本报表，为企业制定成本计划提供依据，反映成本计划的完成情况，为企业降低成本指出方向。

为了充分发挥成本报表在企业管理中的积极作用，编制成本报表时应做到数字准确、内容完整、编报及时。同时，在报表格式的设置和明细项目的设置方面应将会计准则的要求与企业的实际需要相结合，充分考虑成本报表的专题性、指标的实用性和报表格式的针对性。

为了揭示企业为生产一定产品所付出成本是否达到预定的要求，通常需要编制商品产品成本报表、主要产品单位成本报表和制造费用明细表等。这些报表通常是根据企业成本发生的实际资料和成本的计划资料进行编制，以便通过对比，揭示成本水平和成本差异，为企业的经济管理发挥作用。

二、流程图

成本报表的编制与分析流程如图 10-1-1 所示。

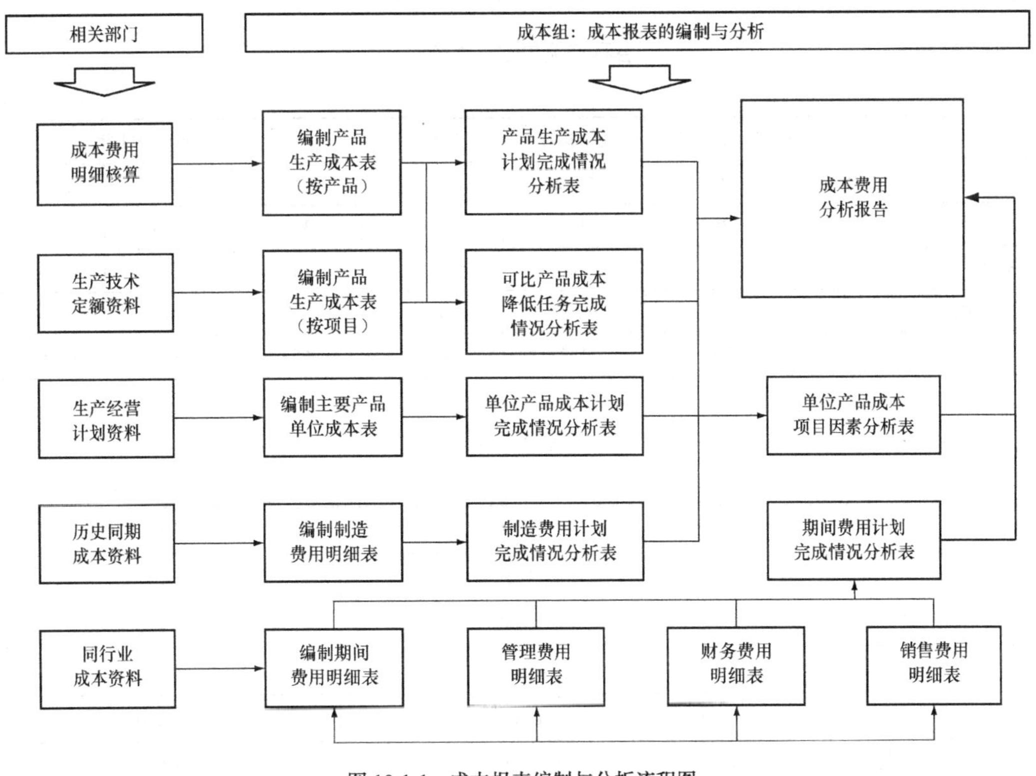

图 10-1-1 成本报表编制与分析流程图

第二部分 能力训练

一、实训目的

使学生能够了解成本报表的编制依据，熟悉成本报表的编制程序，掌握成本报表的编制方法。

二、实训要求

根据实训资料编制该厂 2011 年 9 月的主要产品单位成本表、制造费用明细表和商品产品成本表，见表 10-1-7～表 10-1-9。

三、实训条件

（1）实训形式：本实训由成本核算员 1 人独立完成。
（2）实训时间：本实训大约需要 2 课时。
（3）实训用纸：主要产品单位成本表、制造费用明细表和商品产品成本表。

四、实训资料

前进机械制造厂 2011 年生产甲、乙、丙三种产品，其中甲产品和乙产品为可比产品，丙产品为不可比产品。可比产品成本全年计划降低率为 8%。甲产品销售单价为 500 元，乙产品销售单价为 450 元，丙产品销售单价为 550 元。相关资料见表 10-1-1～表 10-1-6。

表 10-1-1　各种产品单位成本资料

金额单位：元

成本费用	历史先进水平（2005 年）		上年实际平均（2010 年）		本年计划（2011 年）		
	甲产品	乙产品	甲产品	乙产品	甲产品	甲产品	丙产品
直接材料	312	254	325	280	328	270	350
直接人工	54	46	62	57	56	50	86
制造费用	63	45	70	63	67	48	64
合计	429	345	457	400	451	368	500

表 10-1-2　制造费用资料

金额单位：元

费用项目	2011 年各月计划	上年同期实际
人工费	912	855
办公费	1 200	1 100
折旧费	4 200	4 000
修理费	1 360	1 240
运输费	1 700	1 580

续表

费用项目	2011 年各月计划	上年同期实际
租赁费	600	450
保险费	800	700
水电费	500	400
劳动保护费	400	300
机物料消耗	210	180
其他	153	127
合计	12 035	10 932

表 10-1-3　　2011 年度 1-8 月份各产品的累计产量及成本资料

金额单位：元

成本费用	甲产品累计产量 240 台		乙产品累计产量 200 台		丙产品累计产量 80 台	
	累计总成本	平均单位成本	累计总成本	平均单位成本	累计总成本	平均单位成本
直接材料	77 031.00	320.96	52 860.00	264.30	23 321.00	291.51
直接人工	13 302.00	55.43	10 895.00	54.48	11 618.00	145.23
制造费用	12 147.00	50.61	6 445.00	32.23	6 341.00	79.26
合计	102 480.00	427.00	70 200.00	351.00	41 280.00	516.00

表 10-1-4　　2011 年 1-8 月份累计实际制造费用

金额单位：元

费用项目	金　额
人工费	7 752
办公费	10 000
折旧费	34 960
修理费	10 560
运输费	12 800
租赁费	5 600
保险费	6 720
水电费	3 960
劳动保护费	3 680
机物料消耗	1 840
其他	960
合　计	98 832

表 10-1-5　　2011 年 9 月份各产品产量及成本资料

金额单位：元

成本费用	甲产品实际产量 30 台		乙产品实际产量 25 台		丙产品实际产量 10 台	
	总成本	单位成本	总成本	单位成本	总成本	单位成本
直接材料	9 240.00	308.00	6 350.00	254.00	2 800.00	280.00
直接人工	1 380.00	46.00	1 175.00	47.00	1 500.00	150.00
制造费用	1 830.00	61.00	975.00	39.00	800.00	80.00
合计	12 450.00	415.00	8 500.00	340.00	5 100.00	510.00

表 10-1-6　　2011 年 9 月份制造费用

金额单位：元

费用项目	金额
人工费	969
办公费	1 200
折旧费	4 350
修理费	1 380
运输费	1 500
租赁费	650
保险费	820
水电费	500
劳动保护费	430
机物料消耗	220
其他	170
合计	12 189

表 10-1-7　　主要产品单位成本表

产品名称：甲产品　　年　月　　售价：____元

本月产量：台　　本年累计实际产量　台　　金额单位：元

成本项目	历史先进水平(2005 年)	上年实际平均	本年计划	本月实际	本年累计实际平均
直接材料					
直接人工					
制造费用					
合计					

表 10-1-8 制造费用明细表

年　月　　　　金额单位：元

费用项目	行次	本年各月计划	上年同期实际	本月实际	本年累计实际
人工费	1				
办公费	2				
折旧费	3				
修理费	4				
运输费	5				
租赁费	6				
保险费	7				
水电费	8				
劳动保护费	9				
机物料消耗	10				
其他	11				
合计					

表 10-1-9

商品产品成本表

编制单位：　　　　　　　　　　年　　月　　　　　　　　　　金额单位：元

产品名称	规格	计量单位	实际产量		单位成本				本月总成本			本年累计总成本		
			本月	本年累计	上年实际平均	本年计划	本月实际	本年累计实际成本	按上年实际平均单位成本计算	按本年计划单位成本计算	本月实际	按上年实际平均单位成本计算	按本年计划单位成本计算	本年实际
			1	2	3	4	5=9/1	6=12/2	7=1×3	8=1×4	9	10=2×3	11=2×4	12
可比产品合计	—	—	—	—	—	—	—	—						
其中：甲	—													
乙	—													
不可比产品合计	—	—	—	—	—	—	—	—	—			—		
其中：丙	—				—				—			—		
全部商品产品制造成本	—	—	—	—	—	—	—	—	—			—		

补充材料（本年累计实际数）：

1. 可比产品成本降低额为：
2. 可比产品成本降低率为：

（本年计划降低率为：　　　）

答题纸：